本当に億儲けた投資家が教える

『会社四季報』&『四季報オンライン』活用法

別冊宝島編集部［編］

宝島社

1章 『会社四季報』&『会社四季報オンライン』活用の極意

2章 『会社四季報』&『会社四季報オンライン』でお宝銘柄を見つけよう

3章

『会社四季報』&『会社四季報オンライン』で
ワンランク上の株式投資

4章
キホンの「キ」からわかる！『会社四季報』＆『会社四季報オンライン』ガイド

編集協力：高水 茂（高水編集事務所）、井ノ上 昇
カバー・本文デザイン：石田嘉弘（アズール図案室）
イラスト：前山三都里
撮影：片桐 圭

※本書の内容は個別の銘柄を推奨するものではありませんので、本書に登場する銘柄の売買で損失が生じた場合も、その責任は負いかねます。株式投資はあくまでも自己責任でお願いします。
※『会社四季報』の表記に関しては、雑誌版を『会社四季報』、WEB版を『（会社）四季報オンライン』としていますが、両方に関係するもの（例えば「四季報予想」「四季報編集部」など）に関しては「四季報」と省略形で表記しています。
※本書で掲載している「四季報ページ」は、特に注意書きのないものに関しては2016年4集（秋号）のものです。

1章

『会社四季報』&
『会社四季報オンライン』
活用の極意

早わかり！『会社四季報』と『会社四季報オンライン』

■『会社四季報』発売前に、先取り情報が配信される

投資家が『会社四季報』に注目する理由は、なんといっても東洋経済の記者が総がかりで緻密な取材を重ね、その結果から導き出した独自の業績予想が掲載されているからだ。この独自業績予想の発表で、株価が急上昇することが過去に何度もあった。

しかし、単純に数字だけで判断するのは危険だ。なぜ、その業績予想に至ったのか、理由を見極めることが、投資を行う上ではとても重要だからだ。『会社四季報』には、その理由も記事としてちゃんと書かれている。その理由に銘柄の将来性を見ることができれば、株価上昇の期待は大いにある。だから、投資家は、業績予想と記事の最新情報に敏感に反応するのだ。ポイントは、その情報を誰よりも早く入手することにある。

そこで役に立つのが『会社四季報オンライン』だ。ここでは雑誌版の『会社四季報』発

『会社四季報オンライン』の主な機能

『会社四季報』のWEB版『会社四季報オンライン』では、『会社四季報』発売後の業績修正情報を入手したり、検索機能や有料記事でお宝銘柄を探したりすることが可能になるなど、WEBならではのコンテンツが盛りだくさん。

■株価を左右することもある有料記事

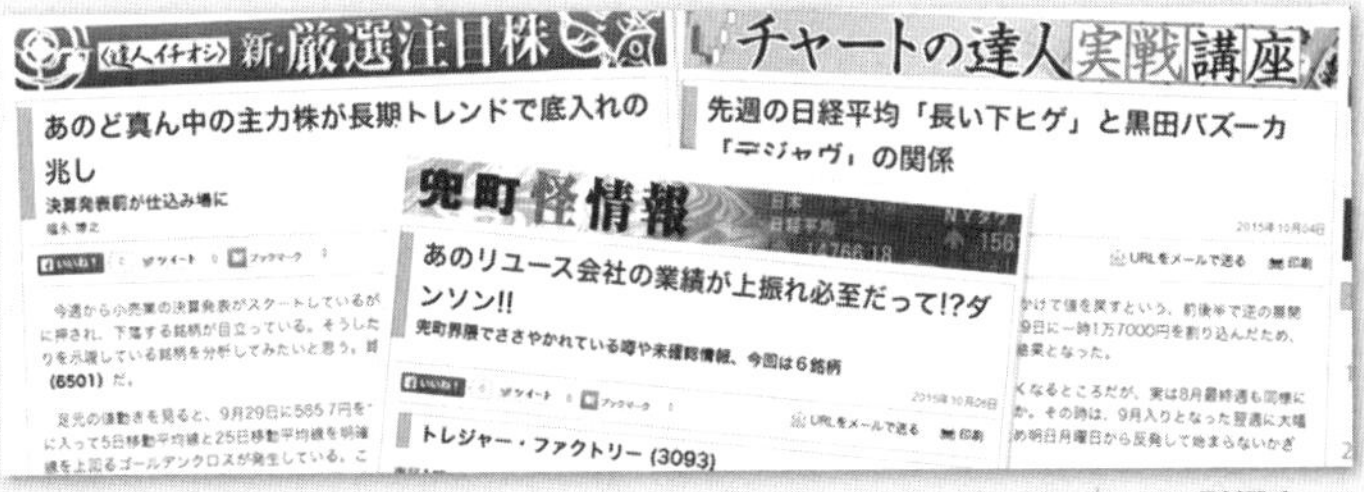

個別銘柄にまで踏み込んだ有料記事情報で、株価が急上昇したこともあるほどの影響力。

■気になる用語を検索機能で探す

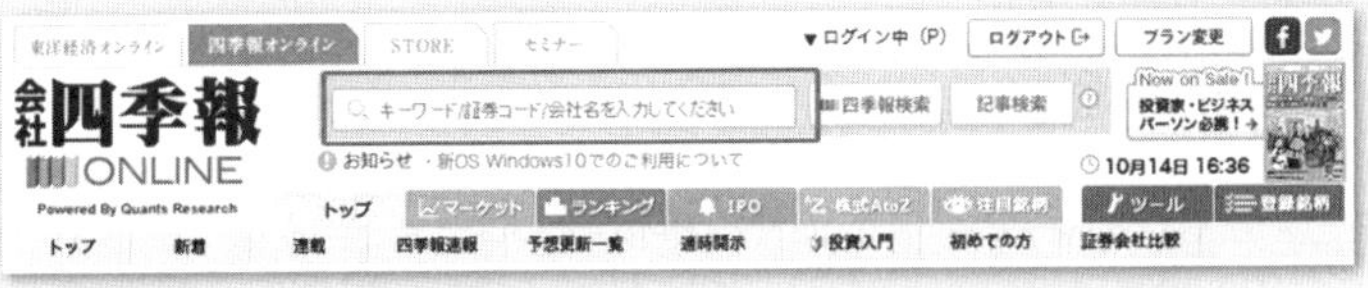

コード・社名だけでなく、新聞やテレビを賑わしたテーマやキーワードでも検索が可能。

■オリジナルのデータを使ったツールを活用

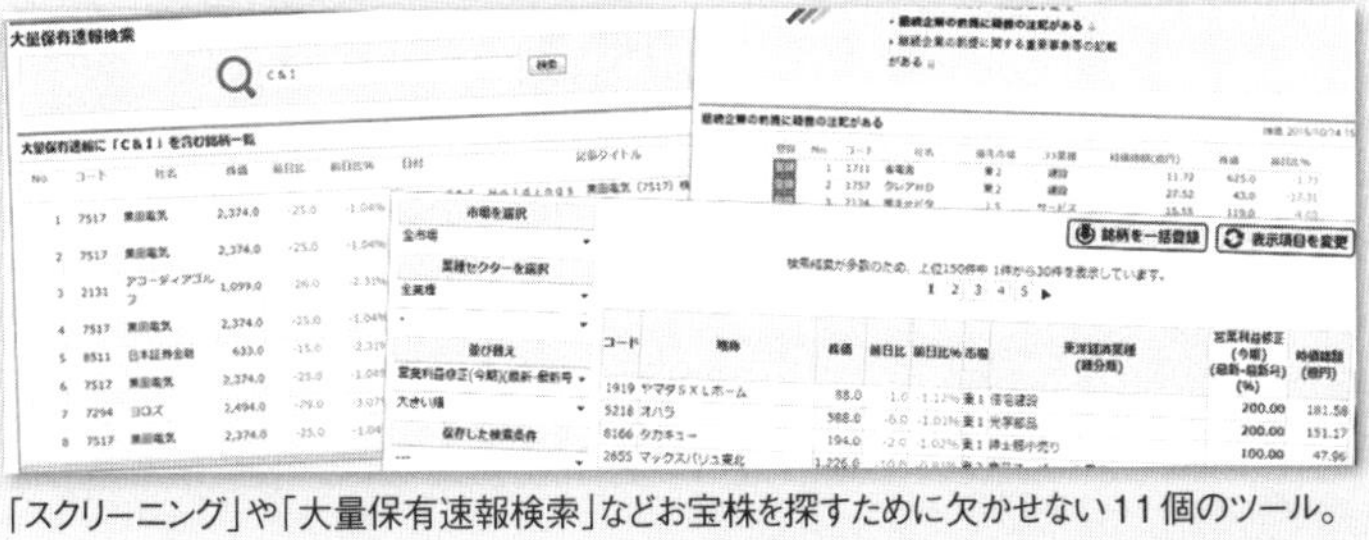

「スクリーニング」や「大量保有速報検索」などお宝株を探すために欠かせない11個のツール。

売の前月下旬から、さまざまなコンテンツで最新号の業績予想と記事を配信している。

中でも注目のコンテンツは、**「四季報先取り　速報！サプライズ銘柄」**だ。四季報記者が書いた原稿を編集部で吟味し、さらに編集長が「これは驚きの予想だ！」と見極めた銘柄を自らピックアップ。『会社四季報』発売前に毎日4～5銘柄ずつ10日間先行配信している。つまり、『会社四季報』発売前に、約50銘柄の株価上昇期待のあるお宝銘柄の情報を入手できるというわけだ。株式投資の初心者でも、『会社四季報』すべてを読まずに、この約50のお宝銘柄からピックアップするだけで、投資パフォーマンスは高まる可能性が高い。

先取り情報は他にもある。まずは、今後大きく株価が上昇する期待の高いグロース株（成長株）の宝庫でもある新興市場から50銘柄が先行配信される**「新興株50」**。具体的には、ジャスダックやマザーズに上場する銘柄の中から時価総額が大きく、人気の高い50銘柄を選んだものだ。この50銘柄については『会社四季報』の業績記事と業績予想が先行配信される。グロース株投資で大きなリターンを求めている投資家にとっては、注目すべき情報だ。しかし、新興市場は値動きが激しいので、リスクも十分覚悟しなければならない。

また安定性を求めるなら、**「主力300」**。これは、東洋経済が選んだ東証1部企業を中心とした主要300銘柄の四季報先取り情報だ。この300銘柄についても、『会社四季報』の業績記事と業績予想が先行配信される。

『会社四季報』バックナンバーや先取り情報も見られる

雑誌版『会社四季報』をイメージした四季報ページで最新号をチェック。過去1年分の『会社四季報』をPDFで見られるので、前号との比較もラクラク。『会社四季報』発売前の最新情報や、発売後の業績予想の変化もフォローできる。

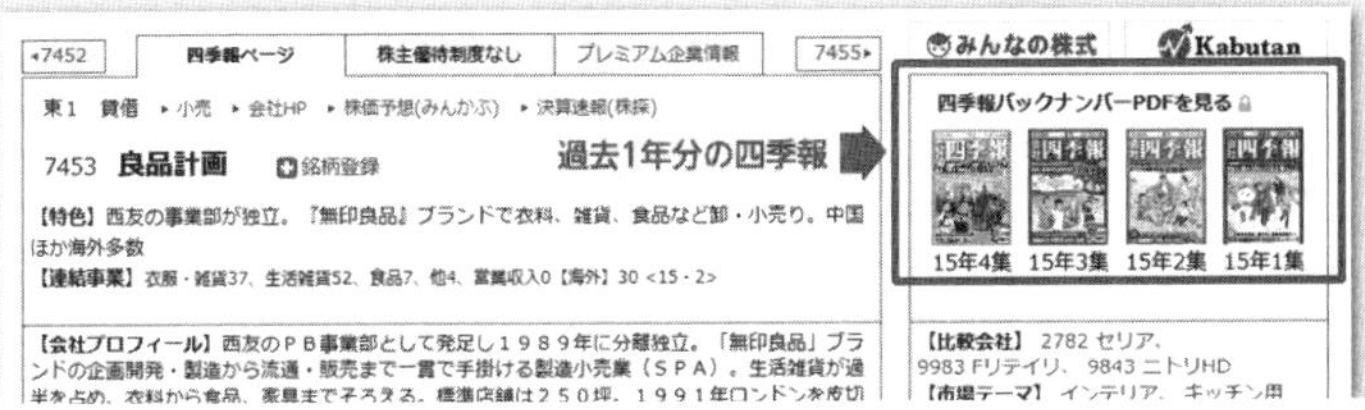

■「四季報ページ」で最新号をチェック

ここまで先取り情報の特長を中心に強調してきたが、WEB上で雑誌『会社四季報』の最新号ももちろんチェックできる。加えて、『会社四季報オンライン』だけの情報や機能も満載だ。

例えば、ライバル比較では、同業種の銘柄が7銘柄掲載され、株価、売上高、時価総額、PER（株価収益率）、PBR（株価純資産倍率）、配当利回りといった指標が比較できる。指標が適正な値かどうかは、同じ業界内の他社と比較して判断する必要があるので、銘柄分析では欠かせない情報となる。また、投資家に人気のサイト、株価予想「みんなの株式（みんかぶ）」や決算速報「株探（かぶたん）」へのリンクバナーも貼ってあり、『会社四季報』以外の評価も簡単に比べることができる。

『会社四季報オンライン』の有料プランには「ベーシック」「プレミアム」の2つのコースがあり、ベーシックプランでは過去1年分の『会社四季報』を、見慣れた誌面と同じPDFで見ることができる。プレミアムプランになると、『会社四季報』の創刊号から閲覧でき、さらに銘柄研究も奥深くできるようになっている。

■個別銘柄まで踏み込んだ有料記事で、株価が急上昇することも

『会社四季報』の記事は株価にも影響を及ぼすが、最近では『会社四季報オンライン』の有料記事に取り上げられた銘柄の株価が配信直後に急上昇する例も少なくない。いくつか、連載記事を紹介しよう。

「〈達人イチオシ〉新・厳選注目株」では、毎朝1銘柄を5人の達人が日替わりで配信。達人ならではの目のつけ所で、銘柄の優位性をかなり深いところまで踏み込んで評価している。直近半年のチャートの動きも解説しているので、今後の値動きの予想がしやすい。

あやしい噂話に興味のある人には「兜町怪情報」。兜町界隈でささやかれている企業にまつわる噂や未確認情報を毎週5～6銘柄紹介する。噂話でも、まことしやかに情報が流れれば、市場は反応する。外資の空売りヘッジファンドがネガティブ情報をわざと流し、株価を暴落させた例もある。噂が本当とわかったときは大化けもあり得る。

チャートの値動きを読み取るのは、素人では難しい。初心者でもわかりやすく株価チャート分析を教えてくれるのが「チャートの達人『実践』講座」。テクニカルアナリストとしてメディアへも多数出演する福永博之さんが、相場の見通しをチャートから読み解く。

■四季報記事をキーワードで検索

WEB版ならではの機能が検索機能だ。世間をにぎわすテーマやキーワードで検索することも、「増額」「上振れ」「増益幅拡大」といった**『会社四季報』のポジティブキーワード**で検索することも可能だ。

あるいは、難しい経営用語でなく、「ぶり」「交代」といった言葉を入力して検索してみると、「10期ぶり増益」「5期ぶり増配」「社長交代」といった、復調の兆しのある銘柄がヒットし、思わぬお宝銘柄を発掘できる可能性がある。やり始めると意外に面白いので、ほかにもいろいろな検索ワードを試したくなる。また、検索された銘柄にカーソルを合わせると直近3カ月分の株価チャートがポップアップされるのも、うれしい機能だ。

■さまざまなツールで、お宝銘柄を探す

WEB版には『会社四季報オンライン』ならではの貴重なデータも数多くある。そのデ

ータを活用して、お宝株を発掘するヒントにできる。

まずは多彩なツール機能。項目を選んで条件値を入れるだけで、銘柄を絞り込める**「スクリーニング」**から、飲食券、買い物券、金券などカテゴリー別に銘柄が一覧できる**「株主優待」**、EDINETに提出された大量保有報告書を検索できる**「大量保有速報検索」**など、お宝株を探すために欠かせないツールが11種類も用意されている。

最新データランキングページには、株価、業績予想、投資指標、株主優待など8つのカテゴリーからさまざまなランキングが一発で表示される。投資指標では、割安株の指標となるPER、PBR、配当利回りについて、最低購入金額10万円以下限定のランキングもあり、少ない投資資金しかない人にとってはありがたい情報だ。また、おもちゃ箱のカテゴリーでは、時価総額、一人当たり売上高、一人当たり当期利益といったランキングもある。

■業績予想を更新した銘柄を一覧で配信

『会社四季報』が発売されると、株価はそこに掲載された業績予想に反応するが、この業績予想は季刊で発行される雑誌版の『会社四季報』では、当然ながら四半期に一度だけしか更新されない。しかし実際には、『会社四季報』が発売されて、次の号が発売されるまでの3カ月の間にも業績予想は随時更新されている。この空白期間を補っているのが『会

自分だけのお宝株を見つける

例えば会社の出した営業利益の予想を『会社四季報編集部』の予想が30%以上乖離している「大幅強気」予想の銘柄や、「PBR1倍以下」「自己資本比率60%以上」などの条件値を入力するだけで、3000社以上の銘柄からオリジナルの「お宝銘柄」を絞り込めるスクリーニング機能。

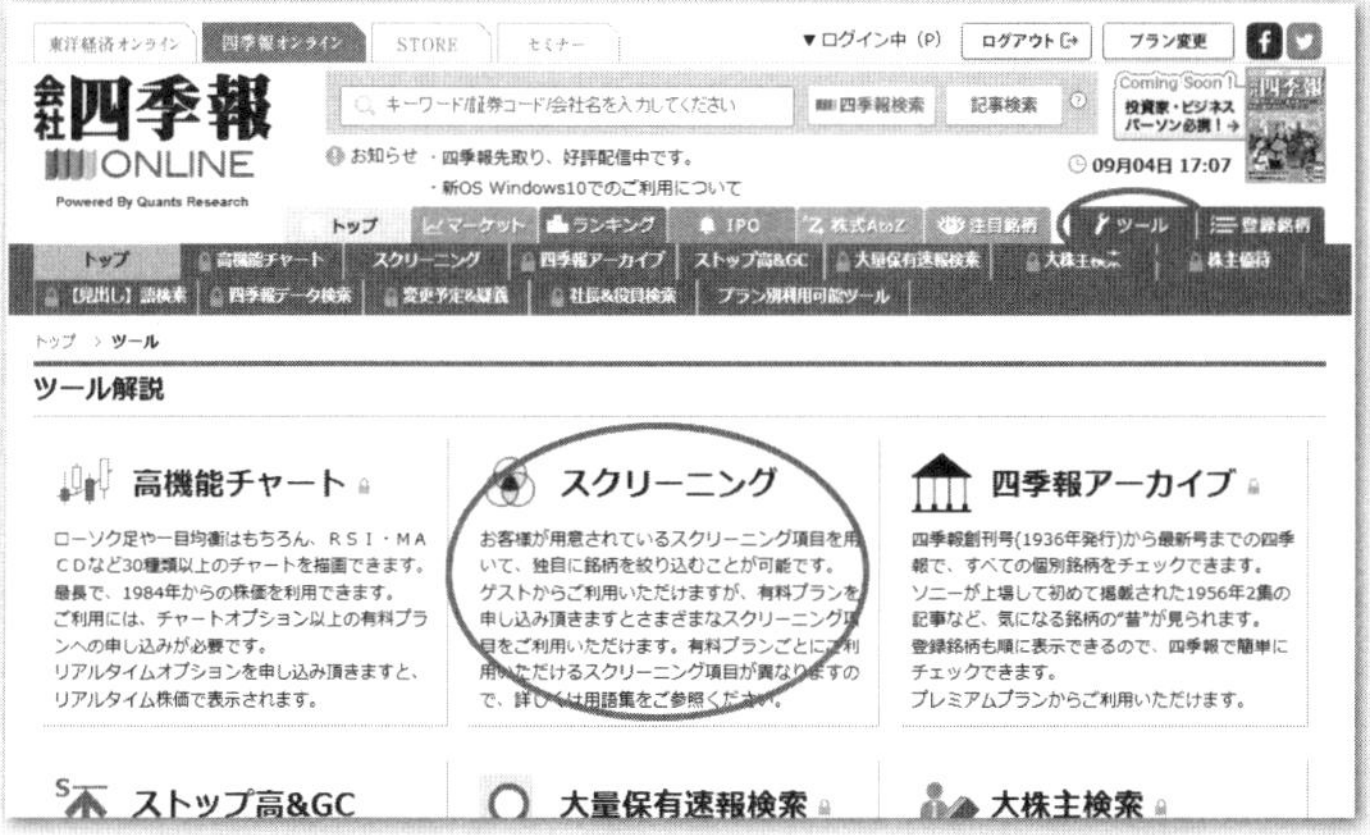
ツール解説
高機能チャート
ローソク足や一目均衡はもちろん、RSI・MACDなど30種類以上のチャートを描画できます。最長で、1984年からの株価を利用できます。ご利用には、チャートオプション以上の有料プランへの申し込みが必要です。リアルタイムオプションを申し込み頂きますと、リアルタイム株価で表示されます。
スクリーニング
お客様が用意されているスクリーニング項目を用いて、独自に銘柄を絞り込むことが可能です。ゲストからご利用いただけますが、有料プランを申し込み頂きますとさまざまなスクリーニング項目をご利用いただけます。有料プランごとにご利用いただけるスクリーニング項目が異なりますので、詳しくは用語集をご参照ください。
四季報アーカイブ
四季報創刊号(1936年発行)から最新号までの四季報で、すべての個別銘柄をチェックできます。ソニーが上場して初めて掲載された1956年2集の記事など、気になる銘柄の"昔"が見られます。登録銘柄も順に表示できるので、四季報で簡単にチェックできます。プレミアムプランからご利用いただけます。
ストップ高&GC
大量保有速報検索
大株主検索

社四季報オンライン』なのだ。

『**会社四季報オンライン』では毎週木曜日の朝に、更新した四季報業績予想の上方修正・下方修正銘柄リストを配信している**。リストには修正率も掲載しているので、営業利益の予想が大幅に増額された会社など、株価に大きな影響を及ぼしそうな業績修正を簡単に見つけられる。

修正銘柄リストに掲載された銘柄の詳しい情報は、個別の四季報ページに反映され、予想PERや予想配当利回りなどもこれに合わせて修正される。

雑誌版『会社四季報』の最新号に掲載されている業績予想は、更新されれば古いデータとなる。しかし『会社四季報オンライン』では、修正された業績予想データが基本データとして更新されるので、ランキングやスクリーニングをする場合でも、**常に最新のデータで検索できる**。

また、『会社四季報オンライン』は、**『会社四季報』発売当日の午前0時に一斉にデータが更新される**ので、深夜にもかかわらずこの時間からアクセスが急増するという。そこで「サプライズ銘柄」を見つけて朝9時の取引開始時に購入すれば、その銘柄が値上がりする確率が高いからだ。朝10時に書店が開いて『会社四季報』を購入してからでは、すでにめぼしい銘柄は値上がりしてしまった後だったというケースも少なくない。

『会社四季報オンライン』
活用の極意
を編集長に聞く!

山本 隆行
編集長
インタビュー

どこよりも早い四季報情報でお宝銘柄を発掘!

■サプライズ銘柄を四季報発売前に配信!

『会社四季報オンライン』は2013年に大幅リニューアルして以来、会員も増え、今では約1万人の有料会員がいます。毎日、無料・有料会員合わせて約5万人がアクセスしています。

とにかく情報量が豊富なことがこのサービスの特長で、無料の連載コラムだけで常時20コンテンツほどあります。これらを読みこなすだけでもお宝銘柄発掘のヒントがたくさん見つかることでしょう。

また、『会社四季報オンライン』の特長の一つに、情報が早く入手できるという点があります。雑誌『会社四季報』は発売日の書店が開く10時頃に手に入るわけですが、『会社

プロフィール
山本隆行
（ヤマモト タカユキ）
1959（昭和34）年生まれ。早稲田大学法学部卒業。『週刊東洋経済』副編集長、『オール投資』編集長、『会社四季報』編集長を経て、2013年10月より『会社四季報オンライン』編集長。

四季報オンライン』は**発売日の午前0時、つまり前日の夜中の12時に情報が更新されます**。すると12時を回った途端にアクセス数が急上昇します。皆さん、『会社四季報』発売日の前場（午前の取り引き）に備えているんですね。

情報が早いのはそれだけではありません。**『会社四季報』発売日の2週間前から、「四季報先取り超サプライズ！」として、編集長の私が選んだ5銘柄をサプライズ銘柄として配信しています**。営業日の10日間、毎日5銘柄で合計50銘柄です。もちろん、業績アップが期待される銘柄です。記事も校了前のものですが、四季報の業績予想とともに掲載します。またWEB版の良いところなのですが、「前号予想と比較する」というボタンもありますので、クリックすれば簡単に前号との比較も確認できます。

毎日夕方5時に配信するのですが、早い人はその日の時間外取引のできるＰＴＳ（注1）で、その日のうちに仕込んでいます。このサプライズ銘柄を見るためだけに会員になっているユーザーも多いと思います。

（注1）Proprietary Trading System ／私設取引システム。取引所の売買時間終了後、夜間でも取引ができる。

■四季報業績予想は毎週更新！

『会社四季報』の大きな特長で、株価を左右するほどの影響力を持つのが、独自の業績予想です。しかし、『会社四季報』の発行サイクルは年4回の季刊です。今は世界経済を含め経営環境があっという間に変化しますから、『会社四季報』の情報も、発売後しばらく経つと情報が古くなってしまいます。

そこで『会社四季報オンライン』では、この**四季報独自の業績予想を一週間単位で、変化があれば更新しています**。これで、常にタイムリーな四季報業績予想が確認できるというわけです。このサイトでは、「今週の業績予想更新銘柄一覧」のコンテンツがありますので、一覧でどの銘柄が更新されたかがわかります。加えて、前回と今回を比べた業績予想の修正率（単位は％）を掲載し、黒字転換は「黒転」、赤字転落は「赤転」と表示をしていますので、業績予想が大きく修正された銘柄はすぐに発見できるでしょう。

この更新をうまく活用する方法は、『会社四季報』の最新号の発売前に、前号と比較す

豊富な情報量と情報の速さでお宝銘柄を発掘できる

ることです。私ももちろん、サプライズ銘柄ではそこに重点を置いていますが、まだ見落としている銘柄もあるでしょう。例えば、自分がウオッチしている銘柄を、『会社四季報』が発売される前に、『会社四季報オンライン』の業績予想を見て前号と比較すれば、前号の発売後に業績予想が修正されたことがわかります。たくさんの銘柄をウオッチしているユーザーは、このあたりの情報を敏感に感じとっているようです。こうなると、四季報オンライン編集部とユーザーのどちらが多くサプライズ銘柄を発掘できるかの競争ですね。

ただし、この段階では記事内容は見ることができませんので、なぜその数字が変化したのか、理由は推測するしかありません。発掘した銘柄が、編集部の選んだサプライズ銘柄と合致していれば、記事を見ることができます。

■「業績矢印⬆」「ニコちゃんマーク😊」のスクリーニングも可能！

『会社四季報オンライン』のもう一つの特長は、**スクリーニング機能と検索機能**です。

まずはスクリーニング機能から説明します。スクリーニングは、ネット証券会社のポータルサイトなどではおなじみの機能で、皆さんスクリーニングして有望銘柄を絞り込んでいると思います。絞り込む数字は、ＰＥＲ（株価収益率）やＰＢＲ（株価純資産倍率）、またはＲＯＥ（自己資本利益率）といった自分の重視している指標などです。しかし『会社四季報オンライン』のスクリーニング機能は、ひと味違います。まさに四季報のお宝銘柄を簡単にスクリーニングできるのです。

雑誌版の『会社四季報』で、有望銘柄を手っ取り早く探すには欄外の**「矢印マーク⬆」（業績予想の修正記号）**と**「ニコちゃんマーク😊」（独自予想マーク）**の付いた銘柄をピックアップしていると思います。『会社四季報オンライン』では、この二つのマークの付いた有望銘柄をスクリーニングで抽出することができるのです。

あらためてこれらのマークの説明をすると、「矢印マーク」は前号からの営業利益の修正率を意味し、30％以上の増額ならば「⬆⬆大幅増額」になります。一方の「ニコちゃんマーク」は、会社側予想の営業利益と四季報予想を比較し乖離《かいり》の大きい場合に付されるマークで、四季報予想のほうが30％以上乖離していると「😊😊大幅強気」となります。『会社四季報オンライン』では、例えばスクリーニング機能で営業利益の修正率を30％以上に設定すれば、「大幅増額」した銘柄を簡単に抽出することができます。これに加えて時価総額やROEなど自分が重視している指標を追加登録して銘柄を絞り込めば、大化け株の発見につながるかもしれません。詳細なスクリーニングの方法は、『会社四季報オンライン』のサイト内でも解説していますので、そちらをご覧ください。

次に四季報のすみずみまで検索できる検索機能です。特に検索したいのは、四季報編集部の記者が取材して書き上げた記事欄です。『会社四季報』の読者は、四季報独自の業績予想の数字と、記事内容に着目します。なぜ、その業績予想に至ったのかが記事に書かれているからです。特に「最高益」「絶好調」「増配」といった見出しです。これらの見出しを複数合わせて検索するだけで、有望銘柄を効率よく絞り込むことができます。または「躍進」「続伸」や「増勢」といった四季報独自の単語もあり、これらで絞り込んでも面白いでしょう。

■ほしい情報に即アクセス！

この他にも、『会社四季報オンライン』ならではの情報や機能は盛りだくさんです。例えば、

会社プロフィールは200文字前後で雑誌版（約70文字）より詳しく掲載しています。バックナンバーはベーシックプランで4集分、プレミアムプランなら創刊号（1936年発行）から見ることができます。雑誌版の『会社四季報』と同じ誌面で見たいというユーザーは、PDFで見ることもできます。

また、詳細データにすぐにアクセスできるのも『会社四季報オンライン』の便利なところです。銘柄探しでは株主が誰なのかも重要なファクターです。大手の銘柄の場合は、上位に投資ファンドが名を連ねていることがあります。投資ファンドは、年金機構などの機関投資家から資産を預かって運用していますので、誰が実質的な株主なのかわかりづらい面もあります。ただし、5%ルールというのがあって、発行済み株式数の5%超を保有するに至った株主は報告開示の義務があり、またその株主は保有割合が1%増減した場合も報告開示の義務があります。この場合画面の株主欄の下に**「5%ルール開示あり」と表示されます**ので、クリックすれば詳細が出てきます。

最近、5%ルールで面白い例がありました。話題となった「ポケモンGO」ですが、ご存じの通り、任天堂の株価は急上昇したあとに、急降下しました。マスコミでは、その要因は「ポケモンGO」での収益増は任天堂では望めないことがわかったからだという説明が多かったように思います。しかし、そのとき5%ルールがあり実質株主だった外資の投資ファンド「キャピタル・リサーチ・アンド・マネージメント・カンパニー」が高値で株を大量に売り抜けたのが直接的な要因でした。その他、個人投資家の多くが閲覧している「みんなの株式（みんかぶ）」とも連動しているのも、喜んでいただいていると思います。すぐに「みんかぶ」の株価予想と比較できるからです。

■お宝銘柄発掘までの過程を楽しむ

お宝銘柄の発掘は、一つの「気づき」です。こんな銘柄があったのか、この銘柄はロボット関連だったとか、AI関連だったとか、雑学の知識欲を満たしてくれたりもします。さまざまなキーワードで検索し、あらゆる角度でスクリーニングして銘柄を絞り込み、気になったら登録して、しばらくウオッチする。ライバル銘柄も表示され、株価、売上高、時価総額、PER、PBR、配当利回りも一覧で比較できます。この繰り返しの中で、いつかはお宝銘柄に出会えるはず。株式投資はあくまで経済活動の一つですが、宝探しゲームのように楽しんでいるユーザーもいるようです。

最近、**スマートフォン、タブレット用に「会社四季報株アプリ」もリリース**しました。『会社四季報オンライン』とも連動しています。もっと手軽に、簡単に情報が探し出せるようにしましたのでぜひ活用してください。

2章

『会社四季報』＆『会社四季報オンライン』でお宝銘柄を見つけよう

まずは株式のしくみを知ろう

■そもそも〝株〟って何？

株とは株式会社が発行するもので、たくさんの人に株を買ってもらうことで、株式会社はお金を集めている。集まったお金は、会社を成長させるため設備投資をしたり、研究開発をしたりするのに活用し、利益がたくさん出れば株を買った人に配当金や株主優待という形で、利益を分配する。これが、基本的な株のしくみだ。

株を買った人は、たとえ一株しか持っていなくても「株主」になる。株主になると社長や会社の重要事項を決定する株主総会に出席することができ、持っている株式の量によって投票権を得る。つまり、株を買うということは、その会社の共同オーナーになるということでもある。

そもそも株を買うということは、投資をするということである。中には、株をギャンブ

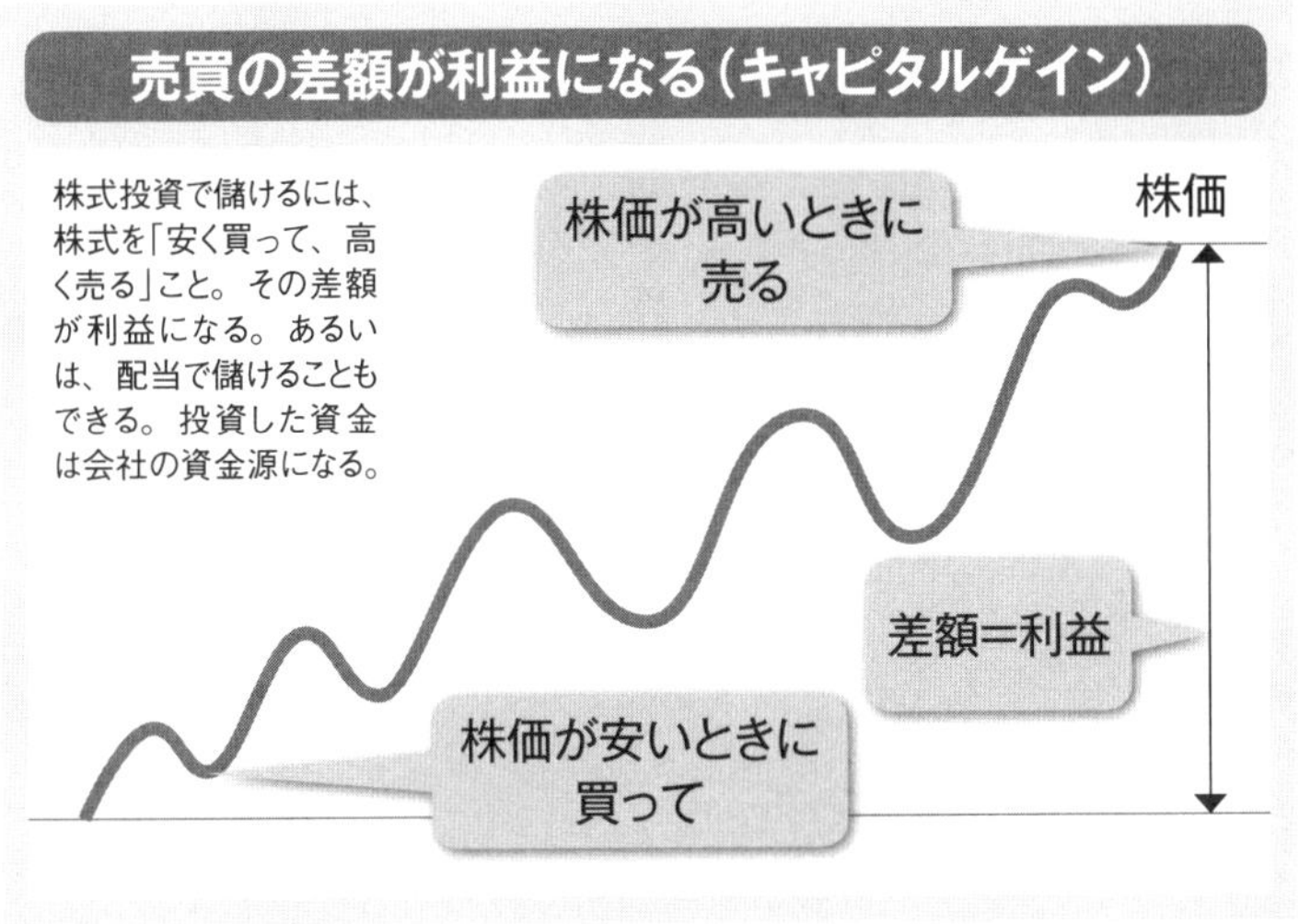
売買の差額が利益になる（キャピタルゲイン）
株式投資で儲けるには、株式を「安く買って、高く売る」こと。その差額が利益になる。あるいは、配当で儲けることもできる。投資した資金は会社の資金源になる。
株価が高いときに売る
株価
差額＝利益
株価が安いときに買って

ルだと勘違いしている人もいる。確かに、儲かっただの、損しただのといった話を聞くとギャンブルのように聞こえるかもしれない。しかし、株を買ったお金は、会社の経営活動に活かされ、その結果、日本の経済活動を循環させる資金の一部となっている。極端なことを言うと、人々がもっと株式投資をすれば、日本経済は活性化され日本の成長に寄与することができるのだ。

「貯蓄から投資へ」と金融庁が言及して久しいが、日本は諸外国と比べて個人資産における投資額は極端に低い。もっと人々が貯蓄を投資に回せば、日本の経済成長につながるだろう。同時に、個人にとっても資産を投資によって運用し増やすことができれば、大きなメリットとなる。

しかし、どうしてもリスクがちらつき、投資への理解が難しいこともあり、投資は進まないのが現状だ。

株式投資については、**投資で得た利益に対する税金がゼロになるNISA（少額投資非課税制度）**が創設されるなど、国の政策も個人の投資を促している。株式投資は、正しいしくみとルールさえ理解すれば、誰でも簡単にネットを通じて投資することができる。今、銀行に100万円を1年間預けても、利子は100円程度。仮に予想配当利回り2・54％のトヨタの株を100万円買うと2万5400円もらえる計算になる。これは大きな差だ。

■安く買って高く売る

株を買って配当金を得ることを「インカムゲイン」と言う。これが、株式投資の王道だが、個人投資家が株式投資で利益を得る方法は、もう一つの「キャピタルゲイン」をメインに行っているケースが多い。

キャピタルゲインとは、株式を売買して得た利益のこと。つまり、「買った値段よりも高く売る」ことだ。どうしたら、安く買って高く売ることができるのか？　これは株式投資の永遠のテーマである。

基本は、将来成長する会社の株を買うことだ。それが、1年後なのか、10年後なのか20

年後なのか。中長期の視点で見ることが大切で、短期になればなるほど株価の予測は難しいとされている。1年後に株価の上昇が予測できたとしても、5分後に上がるかどうかは五分五分だろう。ちなみに、ヤフーの株価は8年で165倍、セブン‐イレブン（セブン&アイ・ホールディングス）やユニクロ（ファーストリテイリング）は10～20年で何十倍にもなっている。

もう一つの方法は割安株を見つけること。会社によっては、業績を伸ばしているもののテロや天災などの市場環境に影響され株価が低迷している、または、単純に多くの人から注目されずに放置されている場合がある。しかし、いずれ評価されるときがくる。それを見越して株価が安いうちに買うことだ。

■株はどうやって買うの？―まずは証券会社に口座を開設！

株は証券会社に口座を開いて、売買するのが一般的だ。銀行でも取り次いでいるが手数料が高い。証券会社では、店頭や電話で買うこともできるが、手軽さでいえばインターネット証券がお勧め。郵送で口座が開け、売買手数料が安い。リアルタイムで、自分で注文ができる。『会社四季報オンライン』では、ネット証券を比較しているページもあるので、参考にするとよいだろう。

インターネット証券の口座開設の流れを紹介する。

1 『会社四季報オンライン』の証券会社比較のページでチェック。手数料比較やチャート比較、総合ランキングなどで選択。ランキングページには、「口座開設」ボタンがあるので、クリックするとその証券会社の口座開設ページにジャンプする

2 口座開設のページで指示されている項目に必要事項を入力し、送信。後日「口座開設申込書」が郵送されてくる

※特定口座については、利益に対して源泉徴収され、確定申告の必要がない「源泉徴収ありの特定口座」と「源泉徴収なしの特定口座」のどちらかを選択する必要があるが、多くの人が選択している「源泉徴収ありの特定口座」を選択するのが無難。

※NISAもぜひ開設しておきたい。

3 送られてきた「口座開設申込書」に必要事項を記入し、捺印。運転免許証・健康保険証などの本人確認書類のコピーを添付して送り返す

4 後日、手続きが完了したという通知とID・パスワード、入金する銀行口座情報が送られてくるので、指定された口座に投資資金を入金する

ここまで、1週間から2週間程度かかる。

これで、準備はOK。ID・パスワードを使って、ネット証券のサイトにログインすれば、すぐに株を売買することができる。

売買はネット証券が便利で簡単

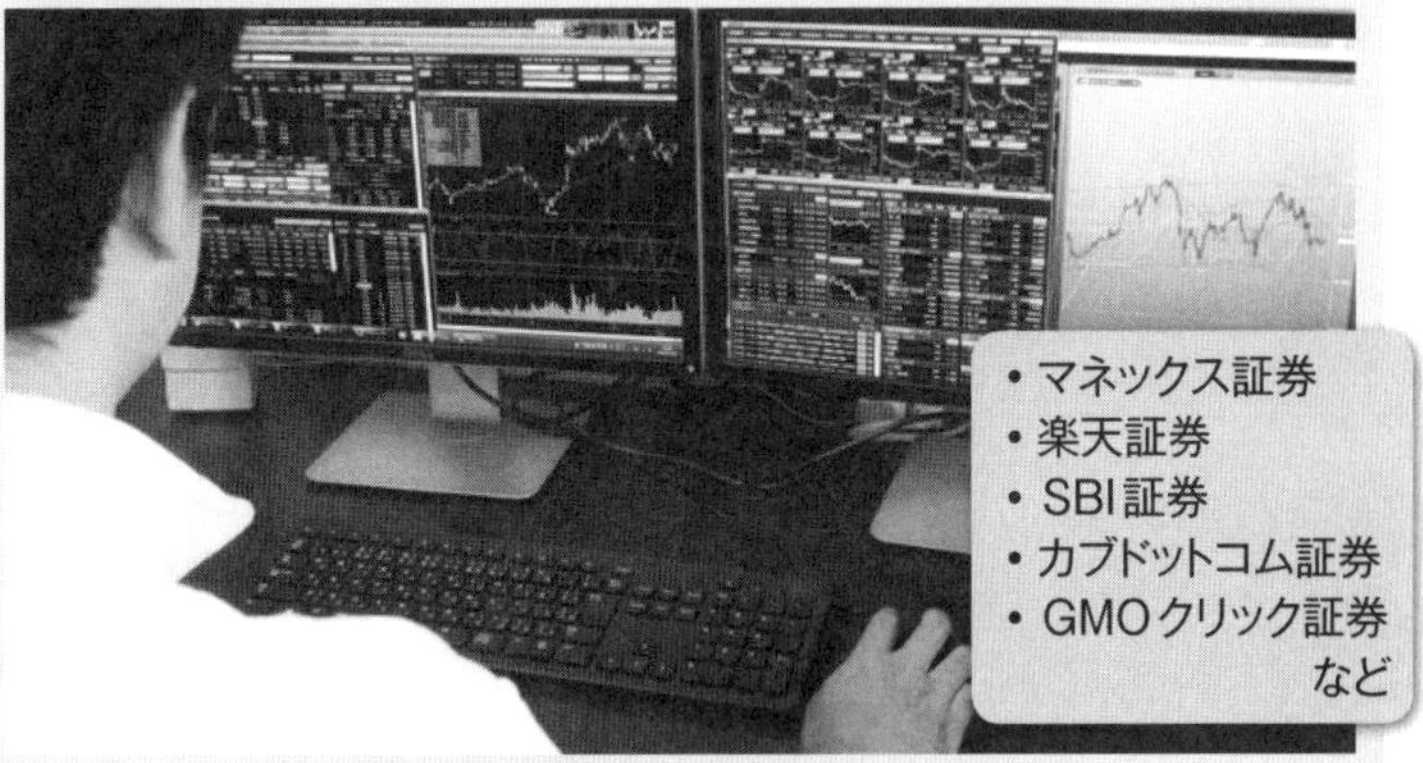
• マネックス証券
• 楽天証券
• SBI証券
• カブドットコム証券
• GMOクリック証券
など

証券会社選びに迷ったら『会社四季報オンライン』の「証券会社比較」も参考になる

■株はどうやって買うの？
―注文の仕方

初めての売買の場合、注文をする前に、まず売買金額を確認したい。現在の株価は1株の値段で、実際は最低の売買株数の単位が決まっている。例えば、株価2000円で売買単位が100株となっていれば、その銘柄は最低20万円（2000円×100株）での取引となる。現在、約8割の銘柄は100株単位だが、1000株単位のものもあるので注意したい。また、単元未満株やミニ株では最低売買単位に満たなくても買うことはできるが、買うタイミングなどが限られているので一般的ではない。

さて、買う銘柄が決まったら、いよいよ

注文だ。注文の仕方は基本的に二つ。今すぐに買いたい場合は**「成行注文《なりゆき》」**となる。注文を出せば、ほぼ瞬時に取引が成立する。これに対して、あらかじめ値段を決めておくやり方を**「指値注文《さしね》」**と言う。株は少しでも安く買うのが鉄則なので、今は100円だが95円まで下がったら買いたいというときに、95円で指値注文をしておけば、株価が95円になったときに自動的に取引が行われる。指値注文は、その日限りか、期限の指定もできる。

売る場合も同様に二つの注文方法がある。株を売る場合、もう一つ覚えておきたいのが**「逆指値」**。これは、気が付いたら大幅に値下がりしていたといったことのないように、あらかじめ許容できる損失額を決めておき、「設定価格を下回ったら売り」という注文を出して、リスクを最小限に抑えるのに活用する。また、逆指値は利益確定の状況でも活用できる。例えば、500円で買った株が700円になっているときに、万一急落した場合に備え、「600円を下回ったら売り」という注文をする。こうすれば一定利益を確保した状態で、株を保有し続けることができる。

日本には東京、名古屋、札幌、福岡の4カ所に証券取引所がある。東京証券取引所は午前9時から午後3時まで、途中、午前11時30分から午後12時30分まで1時間の昼休みを挟んで5時間行われる（残りの3市場は午前9時から午後3時30分まで）。午前9時から午前11時30分までを「前場《ぜんば》」、午後12時30分から午後3時（30分）までを「後場《ごば》」と言う。

話題のテーマからお宝銘柄を探す

■検索項目に「ブリ」と入れてみたら…

業績の数字など難しい経営指標はよくわからないという人でも、簡単にお宝銘柄が見つけられる便利なツールが、『会社四季報オンライン』のマルチな検索機能だ。

この検索窓には、銘柄名（社名）またはその一部や、株式コードを入力すると、お目当ての銘柄の四季報ページにたどり着くことができる。

正確な会社名を忘れてしまった場合などは、その会社の代表的な商品や製品・サービス名を入力してもいい。その会社が探せるだけでなく、同時に同業のライバル社なども検索に引っかかってくることがある。

しかしながら、最初はそんなに難しく考えず、『会社四季報オンライン』の操作に慣れるためにも、まずは思いついた言葉を入れてみてはどうだろうか。

例えば、これは『会社四季報オンライン』の山本編集長が実際に試したことだが、「何年ぶり」という表現についてくる「ぶり」という言葉を入力する。すると面白いことに、魚の「ブリ」や、「ハイ〝ブリ〟ッド」「どんぶり」など「ぶり（ブリ）」を含む言葉が出てくる一方で、「2年ぶりの増益」とか、「10年ぶりの復配」「20年ぶりの新工場」といった、株価に関連する重要な言葉を含んだ銘柄が見つかるのだ。もちろん、「何年ぶりの減益」ではまずいが、「ぶり」のあとに「増益」「復配」などのポジティブな表現が出てくる会社の株価は、今後V字回復する可能性が高い。

このほか「交代」というキーワードでは、「社長交代」「経営陣交代」「筆頭株主交代」といった、株価に影響する要素がヒットし、ダイレクトに成長企業の条件としてよく言われる「オンリーワン」という言葉を入力してみると、世界でオンリーワンの製品を作っている会社などがヒットする。

このように、検索するときは単にトレンド・キーワードだけでなく、『会社四季報』でポジティブに使われる表現の単語や語尾など、自分でワードを見つけ出すのも面白い。どんな言葉でも10～20銘柄はヒットするし、その銘柄にカーソルを合わせれば、ポップアップでチャートが表示されるので、株価のトレンドも直感的に把握できる。その中で「ハッ！」とする銘柄に出会うこともあるのだ。

『会社四季報』先取り情報も

『会社四季報オンライン』の代表的で最も使いやすい機能の一つが、この「検索機能」。検索用の窓はどのページにも開かれていて、社名、株式コード、話題のキーワードなど、さまざまな用語での検索が可能。

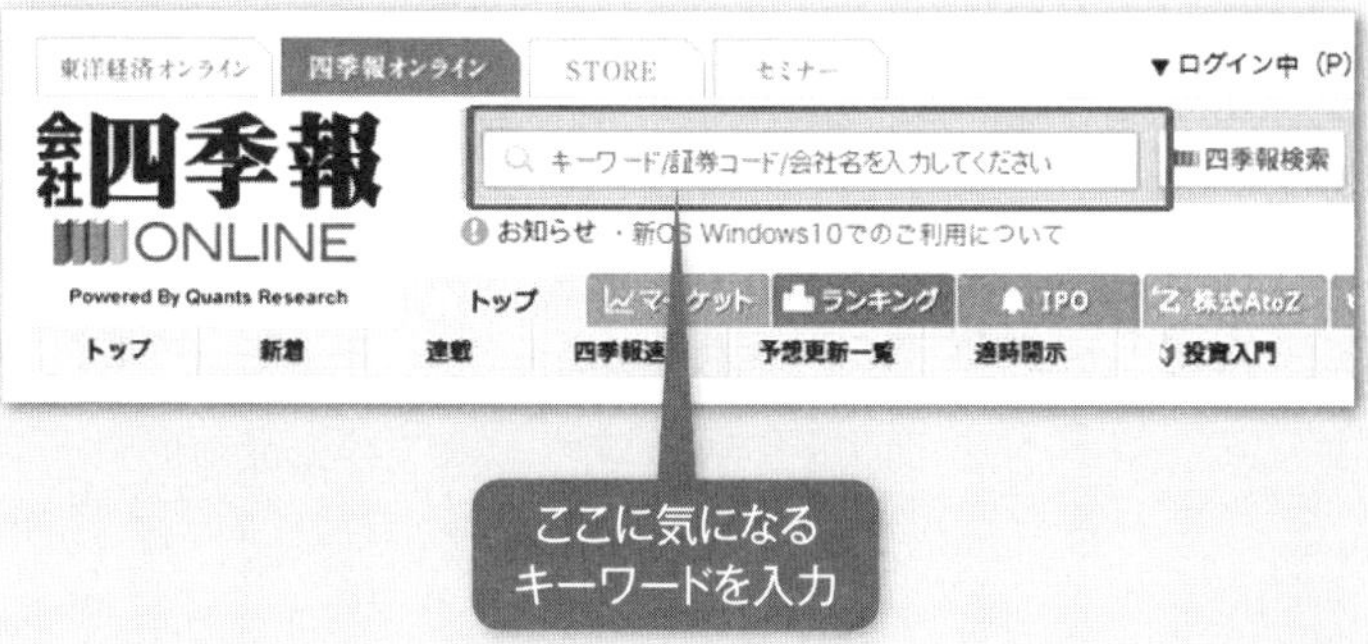

■「東京五輪」でヒットするのは？

そのほか、株価の動向に大きな影響を与えるものが、新聞やニュースなどで話題になっているキーワードだ。

例えば、東京オリンピック開催が決まったとき、「東京五輪」というキーワードで検索すると、オリンピックの会場施設を作る建設会社や、資材関連の会社が多くヒットする中で、およそオリンピックとは関係なさそうな会社もいくつかヒットした。それは例えば、オリンピックの会場となる東京都の有明周辺に土地を持つ倉庫会社などで、土地の値上がりを見込んだ投資家が、そういった会社に目をつけているからである。

2016年のリオデジャネイロオリンピックとパラリンピックが終了し、「次は東京」という機運が高まってきた昨今、再び東京オリンピックへの注目が集まり始めている。「東京五輪」と入力すると、会場やその周辺の道路を建設する建設会社や、会場周辺のホテル会社などの銘柄がずらりと現れる。中には1964年の東京オリンピックで水泳選手として出場した選手が社長を務めるスポーツクラブや、同じく前回の東京オリンピックの年に1号店を開設した美容室などもヒットして面白い。

■世の中のトレンドに敏感になれる

株価との関連でいうと、最近話題になったのが外国人観光客の増加に伴って注目された「インバウンド」というキーワードだ。ディスカウントショップやホテル、旅館など、また「民泊」などの事業を始める不動産会社などがそこでヒットする。

ソフトバンクの英ARM社買収で一躍注目を浴びたキーワードが「IoT（Internet of Things）」だろう。「物のインターネット」などとも訳されるが、文字通りインターネットによって離れたものを操作したり、その状態を把握したりといったことができるという夢のようなアイディアだ。実際この「IoT」を検索してみると、100件近い銘柄がヒットする（2016年9月現在）。

気になる用語をチェック

新聞やニュースなどで気になる用語を見つけたら、すぐに『会社四季報オンライン』の検索機能を使ってみよう。意外な会社に巡り合えるかもしれない。

このように世間で話題になっているキーワードは当然注目を浴びているだけに投資家の関心も高く、今後株価が値上がりしていく可能性は大きい。

つまりこの検索機能をうまく使いこなせば、株式投資初心者でも自分の気になる話題を入力して検索するだけで、意外なお宝銘柄を見つけられるかもしれないのだ。

さらにこの検索機能を役立てたいなら、世の中に情報のアンテナを張って、情報感度を敏感にし、世の中で流行っているものや、これから話題になりそうなものの情報を常に収集する習慣をつけておくといい。気が付けば、経済や経営というものが苦手だった自分が、世の中のトレンドや経済の動きにとても敏感になれるのだ。

■検索機能には未開発な部分もある

ところで、検索に際しては気をつけたいこともある。

例えば「東京オリンピック」と入力しても、おそらく検索で1件もヒットはしないだろう。なぜなら、『会社四季報』の記事は雑誌版で約70ワードと極めてコンパクトな文字数で書かれている。そのため、東京オリンピックのような長い単語は「東京五輪」と訳される。ためしに、「東京オリンピック」と「東京五輪」の両方を入力して確かめてみてはいかがだろう。

また、昨今巷で話題になっているAI（人工知能）なども、そのまま「AI」と入力しても、おそらく目当ての人工知能関連の会社はヒットしないであろう。代わりに「ai」という文字の入ったファンドの英文などがヒットすると思われる。

この点は後に改善されるかもしれないが、『会社四季報オンライン』のマルチな検索機能にも、このような未開発の部分はまだ存在する。しかし検索用語を「AI」から「人工知能」に変えるだけなので、さほどストレスにはならない。検索機能を使いこなすにはそういった柔軟性も必要なのである。

『会社四季報』で探す〈検索編❶〉

下のページは、創刊80周年を記念して行われた特別調査の結果を『会社四季報』2016年3集(夏号)に掲載したもので、世界または日本市場でシェアが首位を占める各社の事業が一覧で掲載されている。高シェア企業を検索するには便利な企画だ。また、通常の調査でも高PER・PBR企業のランキングなどが掲載されており、割安企業を検索するのに便利な内容となっている。

世界・日本シェア首位328事業

我が社のシェア首位事業はこれだ！

コード	社名	製商品・サービス	シェア(%)	市場規模	年/年・
1333	マルハニチ	水産物(食用)	13.0	622万t	13*
1379	ホクト	ブナシメジ	33.8	520億円	14
1379	ホクト	エリンギ	46.4	202億円	14
1515	日鉄鉱業	石灰石採掘	15.2	1.3億t	15*
1801	大成建設	国内土木工事売上	1.3	23兆円	15*
1969	高砂熱学	管工事業	15.6	―	15*
2002	日清粉G	小麦粉	38.3	48万t	14*
2127	日本M&A	M&A仲介サービス	―	―	―
2131	アコゴルフ	ゴルフ場年間延入場者数	9.7	―	15*
2224	コモ	ロングライフパン製造	50.0	100億円	15*
2362	夢真HLD	建築技術者派遣	9.2	1500億円	15*
2427	アウトソシ	製造派遣・請負	4.1	1.4兆円	14*
2503	キリンHD	ビール・発泡酒・新ジャンル	33.4	537万kl	15
2593	伊藤園	緑茶飲料	35.0	4010億円	14
2670	ABCマト	靴小売り	12.3	1.4兆円	15
2768	双日	民間航空機	約85	1兆円	13
2801	キッコマン	しょう油(出荷数量)	32.5	―	14
2801	キッコマン	豆乳生産量(数量)	51.8	―	14
2871	ニチレイ	冷凍食品売上	22.1	―	14*
2871	ニチレイ	冷蔵倉庫収用容積	14.0	―	16
2884	ヨシムラF	チルドシューマイ	23.3	150億円	14
2914	JT	たばこ	59.9	3.9兆円	15
2930	北の達人	粉末オリゴ糖	約31.7	―	12
3004	神栄	ホコリセンサ	44.4	★18億円	14*
3099	三越伊勢丹	百貨店売上	20.8	6兆円	15*
3105	日清紡HD	ブレーキ摩擦材	17.0	★8300億円	14
3105	日清紡HD	ドレスシャツ生地	23.0	7400万m	14*
3291	飯田GHD	戸建住宅	10.1	40万戸	14*
3402	東レ	炭素繊維	―	★―	―
3405	クラレ	ポバール(除・中国)	40.0	★―	―
3405	クラレ	光学用ポバールフィルム	80.0	★―	―
3405	クラレ	EVOH樹脂	65.0	★―	―
3405	クラレ	高耐熱性ポリアミド樹脂	100	★―	―
3405	クラレ	ビニロン(除・中国)	80.0	★―	―
3445	RSTec	シリコンウエハ再生	11.4	★462億円	15
3512	日本フェル	抄紙用フェルト	51.6	130億円	15*
3569	セーレン	自動車カーシート	14.0	★2310億円	12
3569	セーレン	自動車カーシート	38.0	1100億円	14*
3569	セーレン	構造用合板用床養生シート	60.0	13億円	14*
3580	小松精練	中東民族衣装	70.0	5400万ヤード	15*
3861	王子HLD	包装用紙払出	28.6	89万t	15
3861	王子HLD	段ボール原紙払出	24.9	918万t	15
3861	王子HLD	白板紙払出	33.1	142万t	15
4027	テイカ	微粒子酸化チタン	60~70	★―	15
4027	テイカ	微粒子酸化亜鉛	40~50	★―	15
4042	東ソー	液体クロマトグラフィーカラム	18.8	132億円	14*
4042	東ソー	苛性ソーダ	25.0	1300億円	14
4042	東ソー	塩化ビニルモノマー	42.3	1700億円	14
4043	トクヤマ	窒化アルミニウム	60.0	★800t	14*
4091	大陽日酸	窒素	40.0	44億m²	15
4091	大陽日酸	酸素	38.0	17億m²	15
4091	大陽日酸	アルゴン	45.0	1.9億m²	15
4091	大陽日酸	炭酸ガス	43.0	73万t	15
4114	日本触媒	高吸水性樹脂	―	★230万t/年	15
4114	日本触媒	アクリル酸	―	★510万t/年	15
4183	三井化学	PPコンパウンド	21.0	★―	14*
4183	三井化学	メガネレンズ材料	45.0	★―	14*
4186	東京応化	KrF用フォトレジスト	28.2	★550ガロン	14
4186	東京応化	ArF用液浸用フォトレジスト	23.1	★104ガロン	14
4188	三菱ケミH	MMAモノマー	約40	★―	―
4188	三菱ケミH	乳化剤	約25	―	―
4205	日本ゼオン	水素化ニトリルゴム	51.7	★1.7万t	14
4206	アイカ工業	メラミン化粧板	65.4	722万枚	15
4208	宇部興産	アンモニア	38.7	94万t	15*

★記載がある場合は世界市場、ないものは国内市場ベース。年/年度は西暦の下2ケタ、*は年度、無印は暦年を表す　2016年3集

"稼ぐ"シェア首位事業はどれ？……(2030) 3

2016年3集

初心者でも一発検索でお宝銘柄が見つかる

■【見出し】を見れば日本経済の今がわかる

『会社四季報』には3600社以上もの企業が掲載されている。この企業すべての情報をチェックすることは、初心者にはハードルが高すぎる。経験者になると、スクリーニング機能を使って、自分が定めたPERやPBRなどの指標をベースに絞り込んでいくこともあるが、これもコツを覚えるまでには時間がかかる。

しかし、もっと簡単にお宝株を絞り込む方法が『会社四季報』にはいくつかある。その一つが、記事欄の【見出し】を活用することだ。実はベテランの投資家も、まずはこの見出しで瞬時に銘柄を見極めている。

『会社四季報』で最も注目されるのは業績予想の数字だが、その根拠が書かれているのが記事欄だ。担当記者が、会社の業績を見抜き、なぜ会社予想より高めにしたのか、またはなぜ低めにしたのかをコンパクトにまとめている。そして、さらにそれを凝縮したのが【見出し】なのだ。この【見出し】の全体傾向をパラパラと見るだけでも、日本経済の動向が見えてくるという。【最高益】【連続最高益】といった見出しが増えてくれば、日本経済も回復しているということだ。

■【見出し】で有望株を探す裏技―変化の兆しを察知する

それでは、具体的にどんな【見出し】が使われているのか見ていこう。まずは、43ページの表を見ていただきたい。

これは『会社四季報』記事欄の見出しでよく使われる【見出し】をプラスイメージからマイナスイメージまで5段階に分けて分類したものだ。また、「過去実績」との比較なのか、「会社四季報前号」との比較なのか、「会社側計画」との比較なのか、さらには「利益が対象」なのか、「配当が対象」なのかのカテゴリーで分けている。

では、どの【見出し】に注目すればよいか。業績に一点の曇りもないときにだけ許される最高級の見出しは【絶好調】である。ただし、いきなり絶好調となる銘柄はなく、株価はすでに絶好調を織り込み済みといったケースが多い。株価は、これから業績が大きく伸びるといった〝変化〟に反応する。その変化をいち早く予見することが重要なのだ。

その〝変化〟という観点からいうと、注目すべきは「会社四季報前号」との比較でプラスイメージとなる【増益幅拡大】【上振れ】【上方修正】【大幅増額】である。これらの【見出し】は、企業努力や外部要因など、何らかの変化によって業績予想の数値がプラスに転じるであろう、という『会社四季報』の見方である。

間違えやすいのが【増額】と【増益】だ。【増額】は、今期業績の予想数字が前号の『会社四季報』での予想より増えていることを意味する。【増益】は、その会社の前期実績より利益が増えること。注目されるのは、あくまでも四季報予想の比較。株価に大きな影響を与えるので、注目度は【増益】より【増額】のほうがはるかに高い。

また、【独自増額】【独自減額】は四季報記者が会社側予想と異なる予想をしているときに付けるもので、これも見逃せない【見出し】だ。

■【見出し】で有望株を探す裏技―転換点の兆しを察知する

V字回復の期待があるお宝銘柄を狙うには「底入れ」「底打ち」「V字回復」「急回復」といった【見出し】も面白い。これらは、前期まで減益トレンドだったのが今期から回復、あるいは今期までは減益でも来期から回復が見込まれる場合に使われる。

株価は現在の業績だけで決まるのではなく、今は減益でも今後増益に転じる成長期待値

まずは見出しに注目

『会社四季報』および『会社四季報オンライン』の記事欄の冒頭にある【見出し】。用語の内容からプラスのイメージか、マイナスのイメージかというニュアンスはわかるかもしれないが、プラスマイナスにも濃淡があり、また、比較対象も使い分けられているので、正確に覚えておきたい。

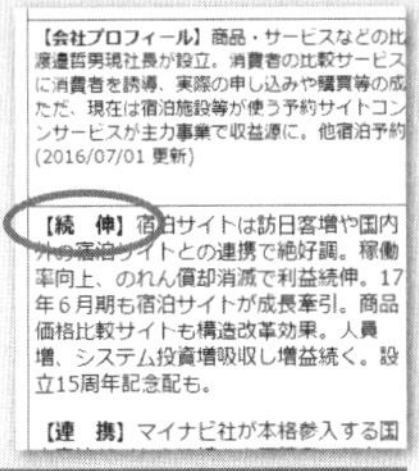
【会社プロフィール】商品・サービスなどの比
渡邉哲男現社長が設立。消費者の比較サービス
に消費者を誘導、実際の申し込みや購買等の成
ただ、現在は宿泊施設等が使う予約サイトコン
ンサービスが主力事業で収益源に。他宿泊予約
(2016/07/01 更新)

【続　伸】宿泊サイトは訪日客増や国内外の宿泊サイトとの連携で絶好調。稼働率向上、のれん償却消滅で利益続伸。17年６月期も宿泊サイトが成長牽引。商品価格比較サイトも構造改革効果。人員増、システム投資増吸収し増益続く。設立15周年記念配も。

【連　携】マイナビ社が本格参入する国

■「見出し」のプラス・マイナスイメージ

		プラスイメージ		中立的	マイナスイメージ	
過去実績との比較	利益が対象	【絶好調】 【連続最高益】※ 【飛　躍】 【最高益】※ 【続　伸】 【急　進】 【連続増益】 【大幅増益】 【急拡大】 【V字回復】 【急回復】 【急反発】	【高水準】 【好　調】 【好　転】 【復　調】 【増　益】 【堅　調】 【微増益】 【小幅増益】	【底入れ】 【底打ち】 【鈍　化】 【伸び悩み】 【横ばい】 【下げ止まり】 【復配も】 【増配も】	【微減益】 【小幅減益】 【減　益】 【軟　調】 【下　降】 【反　落】	【減収減益】 【均衡圏】 【赤字続く】 【急悪化】 【続　落】 【急　落】 【急反落】 【不透明】 【ゼロ圏】 【大赤字】 【大幅減益】
	配当が対象	【連続増配】 【増配か】 【増　配】 【復配か】	【記念配】		【無配も】 【減配も】	【無配続く】 【無　配】 【無配か】 【減　配】 【減配か】
四季報前号との比較	利益が対象	【増益幅拡大】 【上振れ】 【上方修正】 【大幅増額】	【一転黒字】 【減益幅縮小】		【増益幅縮小】 【一転赤字】	【大幅減額】 【下方修正】 【減　額】 【下振れ】 【減益幅拡大】
会社側計画との比較	利益が対象	【独自増額】				【独自減額】

※利益が対象の見出しは、【連続最高益】【最高益】は純利益が対象。それ以外は原則、営業利益が対象

で上昇していく。この「転換点」となる【見出し】をチェックするのもお宝銘柄発掘のコツである。もちろん、マイナスイメージの【見出し】には、絶対に手を出さないこと。【独自減額】【一転赤字】は、急激なマイナス転換の兆しとなる。

■『会社四季報オンライン』で【見出し】語検索

『会社四季報オンライン』の、「四季報業績欄【見出し】語検索」ページを使うと、最新『会社四季報』のプラスイメージ・マイナスイメージの【見出し】、24語ほどをワンクリックで逆引きできる。または、複数の【見出し】やトレンドキーワードをプラスして、四季報検索しても絞り込むことができる。有効に活用したい。

また、プレミアム会員になると、個別銘柄の四季報直近の5集分が時系列で、株価チャートと四季報記事が並んで表示される。時系列で、どんな【見出し】が続いたときに、株価が上昇していったのかがわかる。【見出し】を研究するのに活用してほしい。株価の予測をするには、過去の事例に学ぶのが一番だ。

■サプライズ銘柄は「矢印マーク」でわかる

次に活用したいのが「矢印マーク」だ。投資家が最も注目するのが、前号比で増額修正した企業だが、この「矢印マーク」を見れば、一目で増額修正企業かどうかがわかるのだ。正確には「業績予想修正記号」という。

今期営業利益の予想が前号より30%以上増えている「⬆⬆大幅増額」には上向き矢印を2個、それよりやや少ない5~30%の「⬆増額」は上向き矢印を1個、5%未満の場合は「➡前号並」平行矢印が付けられている。その反対に、「⬇⬇大幅減額」「⬇減額」もあるので注意したい。

ここで注目したいのは、「増額」の中身だ。今期は増額だったものの、記事を見ると来期は足踏みとなっていることもある。そうなると瞬間的に株価が上昇してもすぐに失望売りにつながる。また、『会社四季報』発売の前に企業側が増額を発表し、株価はすでにそれを織り込んで上昇している場合もある。それ以降、サプライズがなければ材料出尽くし感から株価は下がることもある。記事の中身をよく吟味し、中長期の視点で業績が上向くかどうかを判断したい。

また、裏技的な手法として、あえて矢印が下向きの「減額銘柄」を選択するというのもある。実は、この「減額銘柄」の中にお宝銘柄が埋もれていることが少なくない。これも記事の内容から判断できる。減額の理由が一時的な理由の場合は、来期は増益となり株価はいずれ浮上する可能性があるからだ。そこを見極めることができれば、お宝銘柄を掘り当てることも夢ではない。
『会社四季報オンライン』の個別銘柄ページでは、この「矢印マーク」は表示されない。しかし、スクリーニングページを使えば簡単に抽出できる。「ツール」→「スクリーニング」→「＋検索条件の追加」→「業績」→「四季報業績マーク」で検索条件に追加したら、赤枠部分のチェックボックスで矢印（例えば「大幅増額⬆⬆」）を選択する。これだけで上位150社が表示される。そこで、さらに検索条件に加えたいのが、次に解説する「ニコちゃんマーク」だ。

■企業の上方修正発表を先取りする「ニコちゃんマーク」

株価が急上昇するサプライズは、なんといっても企業が発表する業績の上方修正だ。市場を上回る上方修正が発表されると、株価は大きく値上がる。ポイントは、市場予測を上回ること。上方修正があると必ず値上がりするわけではない。上方修正があっても、市場予測を下回るようだと、株価は下落することもある。また、その逆もある。下方修正があっても、市場予測よりも悪くなければ、株価は上昇することもあるのだ。このあたりの見極めは難しいが、それだけに予測の楽しさがあるともいえるだろう。

いずれにせよ、**この上方修正をいかに先取りするか？——これが株式投資の最大のテー**

マの一つだ。その手がかりとなるのが「四季報」独自の業績予想なのだ。『会社四季報』の業績欄をもう一度見てほしい。来期2期分の「予」が付いた業績が、「四季報」の独自予想となる。つまり、この数字と会社発表の数字の差が大きければ、サプライズ上方修正が発表される可能性が大きいということだ。といっても、この二つの予想を、わざわざ計算する必要はない。これが一目でわかるのが「ニコちゃんマーク」なのだ。

四季報予想と会社側予想の業績が30％以上乖離した「大幅強気銘柄」にはニコちゃんマークが2個（ダブルニコちゃん）、3～30％の「強気銘柄」はニコちゃんマーク1個（シングルニコちゃん）が付いている。これは、「矢印マーク」とセットで、チェックしたい。「大幅増額⬆⬆」「ニコちゃんマーク😁😁」の場合は、サプライズ上方修正の可能性はかなり高い。ただし、ここでも注意したいのは、すでに株価が織り込んでいないかどうか。直近の株価をチャートで確認しておく必要がある。中長期的な視点でいうと「増額⬆」「ニコちゃんマーク一つ」のほうが狙い目かもしれない。

『会社四季報オンライン』では、「ニコちゃんマーク」も個別銘柄ページには表示されていない。ここもスクリーニングページを活用する。スクリーニング項目で「ニコちゃんマーク」と同じ意味を持つのが「会社予想と東洋経済予想の乖離（営業利益／％）」だ。数値を細かく設定できるので、「ダブルニコちゃんマーク」を探したいときは30％以上、「シングル」は3％～30％に設定すればいい。

さらに『会社四季報オンライン』では、毎週水曜日の深夜に四季報予想を更新し、会社側発表数字については毎日更新している。つまり、常に最新のデータで会社側予想と四季報予想の違いを知ることができるのだ。これ以上、情報を先取りできるツールはないだろう。『会社四季報』発売直前に、「ニコちゃんマーク」をあぶり出すことも可能になる。

雑誌版『会社四季報』の場合は、業績予想記事の冒頭にある【見出し】、欄外にある業績予想の修正記号（矢印マーク）、その下にある独自予想マークが、同じ誌面上で一覧できるため、それぞれの見出しやマークの関連性がわかりやすいといえる。

ちなみに、『会社四季報オンライン』の場合は、『会社四季報』の予想が会社予想よりも強気か弱気かを表す「ニコちゃんマーク」は表示されない。それ以外は基本的に『会社四季報』も『会社四季報オンライン』も掲載されている内容は変わらないが、業績予想の実際の数字なども含め、スクロールの必要がなく同じ紙面上でさまざまな関連のある記号、数字が読み取れる一覧性は、雑誌版のメリットともいえよう。

『会社四季報』で探す〈見出し・業績編❶〉

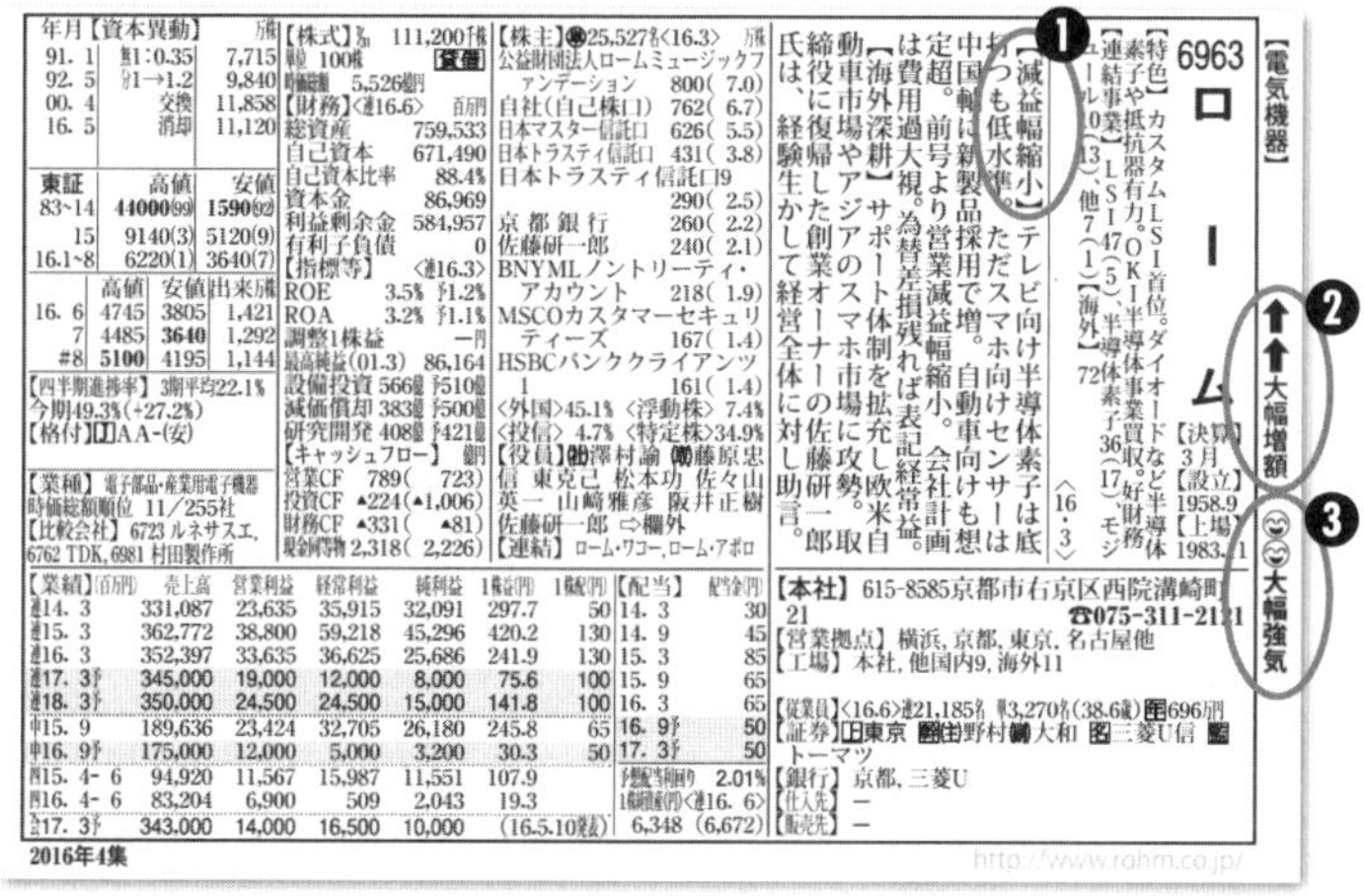
【電気機器】

6963 ローム

【決算】3月 【設立】1958.9 【上場】1983.11

【特色】カスタムLSI首位。ダイオードなど半導体素子や抵抗器有力。OKI半導体事業買収。好財務

【連結事業】LSI 47(5)、半導体素子36(17)、モジュール10(13)、他7(1)【海外】72〈16・3〉

【減益幅縮小】テレビ向け半導体素子は底打つも低水準。ただスマホ向けセンサーは中国軸に新製品採用で増。自動車向けも想定超。前号より営業減益幅縮小。会社計画は費用過大視。為替差損残れば表記経常益。

【海外深耕】サポート体制を拡充し欧米自動車市場やアジアのスマホ市場に攻勢。取締役に復帰した創業オーナーの佐藤研一郎氏は、経験生かして経営全体に対し助言。

⬆⬆大幅増額

😊😊大幅強気

【本社】615-8585京都市右京区西院溝崎町21 ☎075-311-2121
【営業拠点】横浜、京都、東京、名古屋他
【工場】本社、他国内9、海外11
【従業員】〈16.6〉連21,185名 単3,270名(38.6歳)年696万円
【証券】上東京 幹(主)野村(副)大和 名三菱U信 監トーマツ
【銀行】京都、三菱U
【仕入先】—
【販売先】—

年月	【資本異動】	万株
91. 1	無1:0.35	7,715
92. 5	分1→1.2	9,840
00. 4	交換	11,858
16. 5	消却	11,120

東証	高値	安値
83~14	44000(99)	1590(92)
15	9140(3)	5120(9)
16.1~8	6220(1)	3640(7)

	高値	安値	出来万株
16. 6	4745	3805	1,421
7	4485	3640	1,292
#8	5100	4195	1,144

【四半期進捗率】3期平均22.1%
今期49.3%(+27.2%)
【格付】JAA-(安)

【業種】電子部品・産業用電子機器
時価総額順位 11/255社
【比較会社】6723 ルネサスエ, 6762 TDK, 6981 村田製作所

【株式】%31 111,200千株
単位 100株 貸借
時価総額 5,526億円
【財務】〈連16.6〉百万円
総資産 759,533
自己資本 671,490
自己資本比率 88.4%
資本金 86,969
利益剰余金 584,957
有利子負債 0
【指標等】〈連16.3〉
ROE 3.5% 予1.2%
ROA 3.2% 予1.1%
調整1株益 —円
最高純益(01.3) 86,164
設備投資 566億 予510億
減価償却 383億 予500億
研究開発 408億 予421億
【キャッシュフロー】億円
営業CF 789(723)
投資CF ▲224(▲1,006)
財務CF ▲331(▲81)
現金同等物 2,318(2,226)

【株主】単25,527名〈16.3〉万株
公益財団法人ロームミュージックファンデーション 800(7.0)
自社(自己株口) 762(6.7)
日本マスター信託口 626(5.5)
日本トラスティ信託口 431(3.8)
日本トラスティ信託口9 290(2.5)
京都銀行 260(2.2)
佐藤研一郎 240(2.1)
BNYMLノントリーティ・アカウント 218(1.9)
MSCOカスタマーセキュリティーズ 167(1.4)
HSBCバンククライアンツ1 161(1.4)
〈外国〉45.1% 〈浮動株〉7.4%
〈投信〉4.7% 〈特定株〉34.9%
【役員】(社)澤村諭 (専)藤原忠信 東克己 松本功 佐々山英一 山崎雅彦 阪井正樹 佐藤研一郎 ⇨欄外
【連結】ローム・ワコー、ローム・アポロ

【業績】(百万円)	売上高	営業利益	経常利益	純利益	1株益(円)	1株配(円)
連14. 3	331,087	23,635	35,915	32,091	297.7	50
連15. 3	362,772	38,800	59,218	45,296	420.2	130
連16. 3	352,397	33,635	36,625	25,686	241.9	130
連17. 3予	345,000	19,000	12,000	8,000	75.6	100
連18. 3予	350,000	24,500	24,500	15,000	141.8	100
中15. 9	189,636	23,424	32,705	26,180	245.8	65
中16. 9予	175,000	12,000	5,000	3,200	30.3	50
四15. 4-6	94,920	11,567	15,987	11,551	107.9	
四16. 4-6	83,204	6,900	509	2,043	19.3	
会17. 3予	343,000	14,000	16,500	10,000	(16.5.10発表)	

【配当】	配当金(円)
14. 3	30
14. 9	45
15. 3	85
15. 9	65
16. 3	65
16. 9予	50
17. 3予	50

予想配当利回り 2.01%
1株純資産(円)〈連16. 6〉
6,348 (6,672)

2016年4集
http://www.rohm.co.jp/

ローム(6963)

❶雑誌版『会社四季報』では、業績予想記事が「縦書き」で書かれている(『会社四季報オンライン』は横書き)。実際は【業績予想記事】などと表記されず、【高水準】【増益】【反落】といった見出しから記事は始まる。この【見出し】と記事内容が表す業績予想は、業績欄で確認することができる。

❷欄外にある業績予想の修正記号(矢印マーク)は、今号の営業利益の予想と前号の予想を比べ、「⬆⬆大幅増額(30%以上の増額)」「⬇前号比減額(5%以上30%未満の減額)」のように、営業利益の変化の傾向を矢印で示している。この矢印が意味する業績内容も、業績欄の数値と一致している。

❸独自予想マーク(ニコちゃんマーク)は、『会社四季報』の予想営業利益が会社の予想する利益よりも強気か弱気かが一目でわかる(😊マークは強気、😣マークは弱気を表す)。これも上の「矢印マーク」と同じで、😊マークが2つの場合は「大幅強気」、😣マークが2つの場合は「大幅弱気」ということになる。会社予想よりも強気か弱気かというところは、やはり業績欄で比較することができる。

業績好調企業を見分けるには

■四季報予想で株価が上昇することも

会社の業績を示す主な数字には、「売上高」と「3つの利益」、つまり「営業利益」「経常利益」「純利益」がある。

これら3つの利益の中で、**『会社四季報』が重視しているのは営業利益だ**。営業利益は、一言でいえば会社が本業で得た儲けのことであり、『会社四季報』で業績の説明をしている記事欄の内容は、この営業利益の動きを中心に書かれている。

51ページの図のように、『会社四季報』および『会社四季報オンライン』の業績欄には、過去5年間の会社の業績が掲載されている。

業績欄の左端にある数字は決算期を示しており、16・6と書いてある場合は2016年6月決算ということになる。その決算期の右に「予」がついている行は、『会社四季報』

修正業績予想も『会社四季報オンライン』ならでは

『会社四季報』の特長ともいえる2期分の業績予想。さらに『会社四季報オンライン』の場合は、『会社四季報』の発売後に修正された業績もフォローしており、『会社四季報』の最新号が発売される前に、更新された業績予想を見ることができる。

【業績】	売上高	営業利益	経常利益	純利益	1株益(円)	1株配(円)
連13. 2	188,350	18,351	19,760	10,970	409.5	110
連14. 2	220,620	20,916	23,047	17,096	644.6	155
連15. 2	260,254	23,846	26,602	16,623	627.5	190
連16. 2予	**302,000**	**32,700**	**33,000**	**20,500**	**773.2**	**215～230**
連17. 2予	**335,000**	**36,200**	**36,500**	**22,600**	**852.4**	**215～255**
中14. 8	123,587	11,636	11,804	6,931	261.8	85
中15. 8予	**148,000**	**15,600**	**16,000**	**10,200**	**384.7**	**105**
四14. 3- 5	66,704	6,624	6,644	3,655	138.1	
四15. 3- 5	77,471	9,547	9,799	6,032	227.6	
会16. 2予	**296,000**	**32,000**	**32,300**	**20,100**	**-**	**(15.7.8)**

単位は百万円,1株当たりは円　▸業績財務の詳細を見る

【配当】	
14. 2	80
14. 8	85
15. 2	105
15. 8予	**105**
16. 2予	**110～125**

業績予想更新 (2015/10/06)

	売上高	営業利益	経常利益	純利益	1株益(円)	1株配(円)
15.2	260,254	23,846	26,602	16,623	627.5	190
16.2予	**302,000**	**33,000**	**33,300**	**21,000**	**747.9**	**220**
17.2予	**335,000**	**36,200**	**36,500**	**22,600**	**804.9**	**220**

『会社四季報』にも掲載された業績予想

『会社四季報』の業績予想は、前号と比較することで予想が増額されたか減額されたかを測ることができる。また、業績予想を会社側の予想と比較することで、四季報編集部が強気の予想を出しているかがわかる。強気予想は株価上昇要因となることが多い。

修正された最新の業績予想

『会社四季報オンライン』では、上の画面のように、修正された業績予想が「四季報ページ」の下の欄に表示される。これで前号予想との比較が一目瞭然。さらに『会社四季報』最新号の発売前にこの情報が入手できるので、いち早くお宝銘柄を探すには便利だ。

編集部の予想を示しており、今期と来期の2期の予想が示されている。また、同じく決算期の右に「予」がついていて、さらに決算期の左に「会」がついた行は、その会社が発表した業績予想を示している。

狙い目は、**会社の発表した予想数字を『会社四季報』の予想数字が上回っているケース**だ。こうした会社は『会社四季報』の発売後に利益予想を上方修正することが多く、株価の上昇要因になる。つまり、これから株価が上昇する銘柄を探す端的なヒントになるというわけだ。

■最新の業績修正データが見られる「オンライン」

さらに『会社四季報オンライン』を使うと、業績予想に変更があった場合、その変更後の最新の情報を入手することができる。

季刊で発行される雑誌版の『会社四季報』では、四半期に一度だけしか業績予想を見ることができないが、この間にも業績予想は更新されている。**『四季報オンライン』では、その更新された最新データを見ることができるのだ。**

各銘柄の四季報ページの業績欄の下には、『会社四季報』発売後に更新された最新データが表示される（51ページ図参照）。例えば『会社四季報』の第4集（秋号）が発売される前に、第3集（夏号）で掲載された業績予想に修正があった場合は、どのくらいの修正があったかも比較できる。

もし夏号で掲載された予想よりも業績が上方修正されていたら、株価が上昇する要因となるため、秋号の発売前にその会社の株式を購入しておけば、大きな利益を得る可能性が高まる。

逆に言えば、こうした先取り情報がオンラインで配信されているということは、『会社四季報』の発売を待って、そこからお宝銘柄を探して株を購入していたのでは、完全に出遅れてしまうケースもあるということだ。

『会社四季報オンライン』では、毎週木曜日に「今週の業績予想更新銘柄」のような形で、水曜日に更新した四季報業績予想の上方修正・下方修正銘柄リストを配信する。リストの一覧表には、修正率も掲載しているので、大幅に上方修正が行われた会社など、株価が値上がりする可能性の高い銘柄も簡単に見つけられる。

リストに掲載された銘柄の情報は、個別の企業情報を解説した四季報ページにも詳しく掲載されるので、業績予想が修正された背景も知ることができる。さらに『会社四季報オンライン』のスクリーニング機能などを利用する場合でも、常に修正された最新のデータで検索できる。

■業績予想が一目でわかる【見出し】「⬆」「😊」

お宝銘柄の目星をつける際にまず注目したいのは、記事欄の冒頭に【　】付きで書かれた【見出し】であるということは前述した。この【見出し】は、まさに業績予想やその修正予想を一言で言い表したものだ。

例えば【独自増額】という見出しで始まる記事内容には、四季報編集部の担当記者が、会社の発表した業績予想より強気に予想した場合の理由が書かれている。

もちろん、編集部の予想が100％当たるとは言えないが、記事内容に書かれている根拠に基づいて強気の予想を出しているので、説得力はある。事実、四季報予想の後に会社が修正予想を出した例は、過去に数えきれない。**【見出し】を拾い読みするだけでお宝銘柄の目安がつけられる**のは、そのためだ。

同様に、『会社四季報』の欄外にある「⬆（矢印マーク）」と「😊（ニコちゃんマーク）」も、業績予想やその修正内容を反映している。

『会社四季報』が発売になると、投資家がまずチェックするのが増額修正企業、つまり営業利益の予想が上方修正された企業だ。「矢印マーク」は、この増額修正企業を示している。

前号の予想と比較して、営業利益が30％以上増額している会社は「⬆⬆大幅増額」、5

業績予想更新銘柄をフォロー

『会社四季報オンライン』では、雑誌版の『会社四季報』発売の前月下旬から、さまざまなコンテンツで最新号の業績予想と記事を配信している。例えば毎週木曜日に、水曜日に更新した四季報業績予想の上方修正・下方修正銘柄リストを配信。一覧表には、修正率も掲載しているので、インパクトの大きい業績修正を簡単に見つけられる。

毎週配信

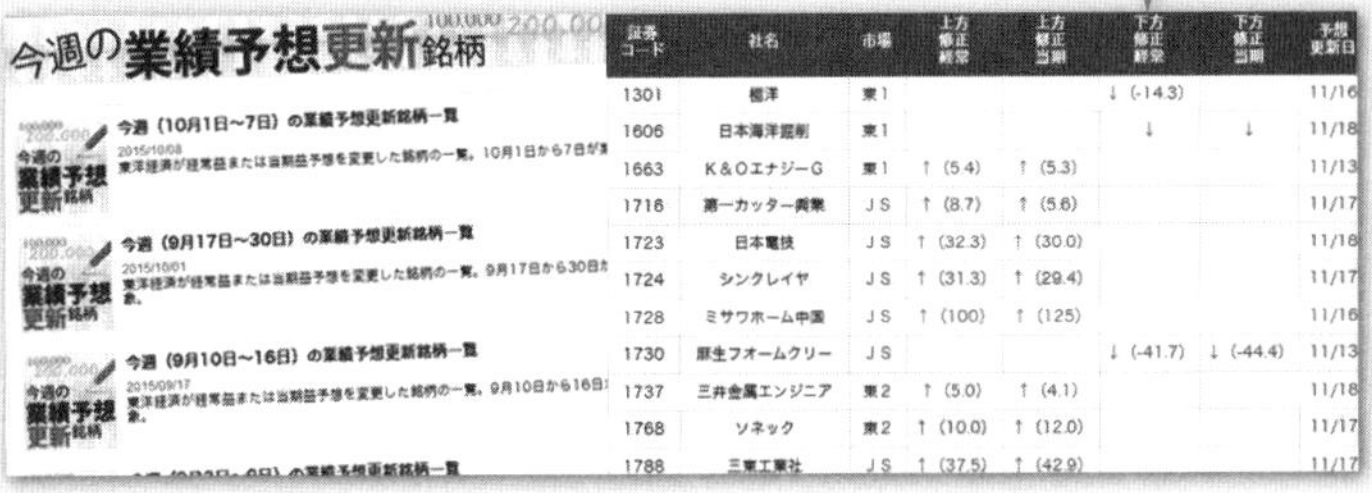
今週の業績予想更新銘柄
今週（10月1日～7日）の業績予想更新銘柄一覧
2015/10/08
東洋経済が経常益または当期益予想を変更した銘柄の一覧。10月1日から7日が
今週（9月17日～30日）の業績予想更新銘柄一覧
2015/10/01
東洋経済が経常益または当期益予想を変更した銘柄の一覧。9月17日から30日
象。
今週（9月10日～16日）の業績予想更新銘柄一覧
2015/09/17
東洋経済が経常益または当期益予想を変更した銘柄の一覧。9月10日から16日
象。

証券コード	社名	市場	上方修正経常	上方修正当期	下方修正経常	下方修正当期	予想更新日
1301	極洋	東1			↓ (-14.3)		11/16
1606	日本海洋掘削	東1			↓	↓	11/18
1663	K&Oエナジ－G	東1	↑ (5.4)	↑ (5.3)			11/13
1716	第一カッター興業	JS	↑ (8.7)	↑ (5.6)			11/17
1723	日本電技	JS	↑ (32.3)	↑ (30.0)			11/18
1724	シンクレイヤ	JS	↑ (31.3)	↑ (29.4)			11/17
1728	ミサワホーム中国	JS	↑ (100)	↑ (125)			11/16
1730	麻生フオームクリー	JS			↓ (-41.7)	↓ (-44.4)	11/13
1737	三井金属エンジニア	東2	↑ (5.0)	↑ (4.1)			11/18
1768	ソネック	東2	↑ (10.0)	↑ (12.0)			11/17
1788	三東工業社	JS	↑ (37.5)	↑ (42.9)			11/17

%以上30%未満は「⬆前号比増額」がついている。業績欄を見て、前号の営業利益予想より今号は何パーセント増額されているか計算しなくても、**「矢印マーク」を見れば一目瞭然**なのだ。

さらに『会社四季報オンライン』の場合は、スクリーニング機能を使って、「営業利益が30%以上増額」という条件をインプットするだけで、「⬆⬆大幅増額」に該当する銘柄をすべて抽出することができる。雑誌版の『会社四季報』で、欄外の「⬆⬆」マークを拾っていくよりも、はるかに効率的に「大幅増額銘柄」を集められるというわけだ。

ただ、前号と今号の発売日の間に会社側が業績見通しの上方修正を発表したり、新聞やニュースで業績観測記事が報じられたりしてしまっている場合などは、たとえ「矢印マーク」が付いていても注意したい。例えば「⬆⬆大幅増額」の付いている銘柄でも、すでに株価が上がった後で、その時点で購入してもそれ以上値上がりしないか、逆に値下がりしてしまうリスクも大きくなる。株式は売買のタイミングも重要なのだ。

一方、「ニコちゃんマーク」は、『会社四季報』の業績予想と、会社の発表した業績予想の乖離率を示している。四季報予想と会社側予想を比較して、営業利益が30％以上乖離している（＝四季報記者が上振れるとみている）会社には「😁😁大幅強気」、３％以上30％未満またはゼロから黒字の場合は「😁会社比強気」が付いている。

もっともこれは、雑誌版の『会社四季報』の場合で、ＷＥＢ版の『会社四季報オンライン』のページには、このマークはない。しかしこちらもスクリーニング機能を使って四季報予想（東洋経済予想）と会社側予想の乖離を「30％以上」に設定すれば、「😁😁大幅強気」に当たる企業を抽出することができるのだ。

おさらいすると、『会社四季報オンライン』で「⬆⬆大幅増額」と「😁😁大幅強気」に当たる銘柄を探す場合は、スクリーニング機能で営業利益の増額率を「30％以上」に設定し、さらに四季報予想（東洋経済予想）と会社側予想の乖離を「30％以上」に設定すれば、サプライズ銘柄をあぶり出せる可能性が高まる。

『会社四季報オンライン』で「⬆」「☺」を探す

『会社四季報オンライン』の四季報ページでは、雑誌版『会社四季報』に掲載されている「矢印マーク(⬆)」や「ニコちゃんマーク(☺)」を直接見ることができない。そのため、これらのマークに該当する銘柄を見つける際は、スクリーニング機能を使う。

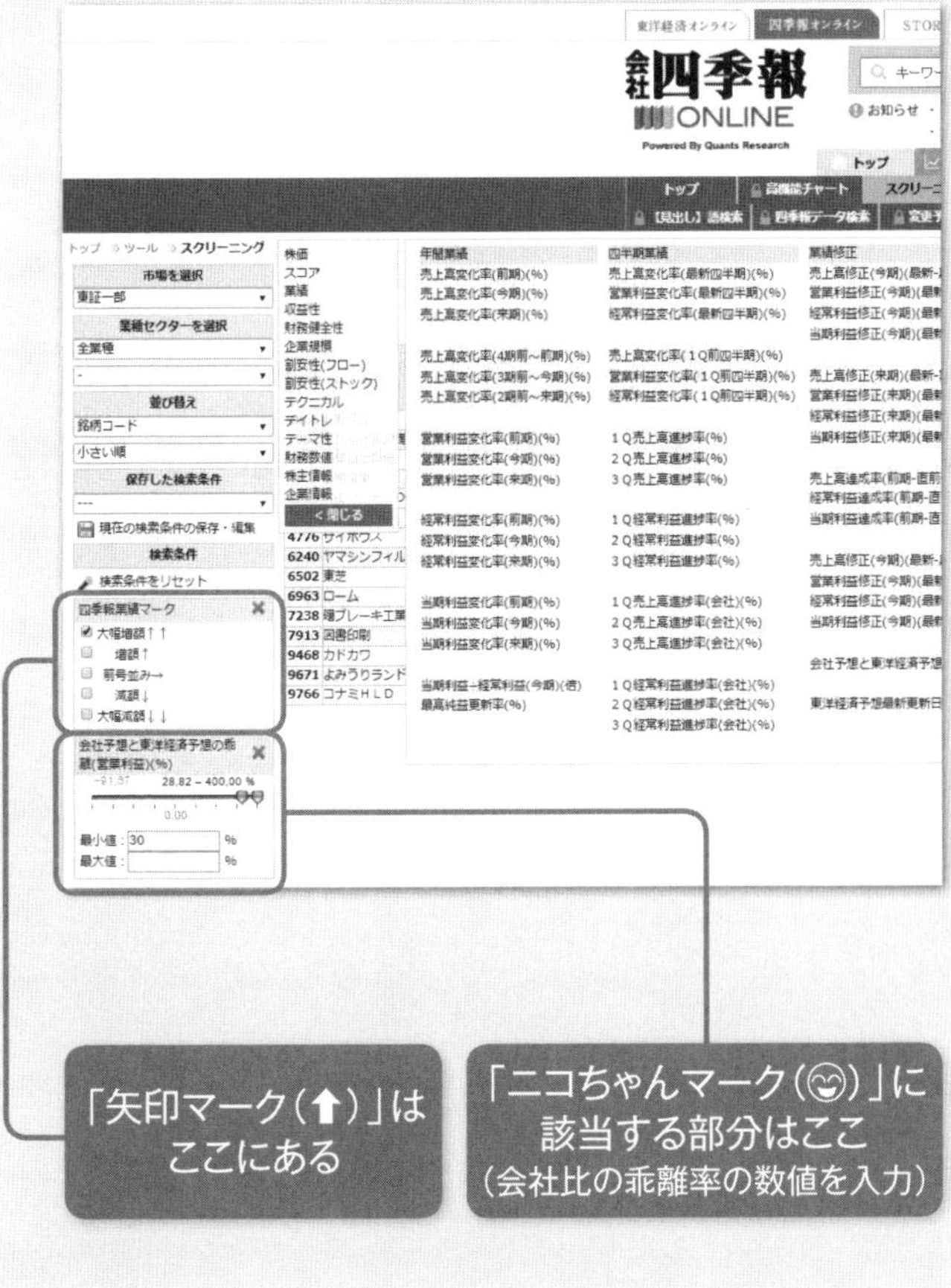

さらに各銘柄の記事欄に「会社計画は保守的」「会社計画は上振れも」などと書いてあれば、より確実だ。

■お宝は「秋号」。「新春号」からは2期目の予想

では、雑誌版の『会社四季報』に「☺（ニコちゃんマーク）」や「☺☺（ダブルニコちゃん）」がついた企業がたくさんあるかといえば、それは号によって異なる。

例えば3月に発売される「春号」の場合、そうした企業はあまり多くない。なぜなら、上場企業の約7割は3月期決算会社だからだ。その場合、「春号」では第3四半期（4〜12月）決算を踏まえて予想しているため、独自に上振れ予想を立てた場合でも、会社側数字との差は残る3カ月間（1〜3月）だけの差に収斂《しゅうれん》してしまう。その頃には、会社側の予想も現実の決算数値にほぼ近づいてきているため、『会社四季報』が予想した数字と大きな差は生まれないからだ。

むしろ「春号」の場合は、2期目の来期予想に完全に軸足が移っている。当然、会社側はまだ2期目の予想について何もコメントしていない。しかし『会社四季報』の記者は、取材時点の2月の業績動向の確認と、この先もその動きが加速するのか、それとも減速するかなどを取材し、その事実に基づいて独自予想を行っている。来期業績で見たお宝銘柄

を探したり、保有している銘柄をホールドするか、売るかを判断したりするのには適した号だ。

一方、お宝銘柄探しに最も適した号は、9月に発売される「秋号」だろう。7月下旬から8月中旬にかけては企業の第1四半期（4～6月）決算の発表がピークを迎え、「秋号」ではこの結果を基に業績予想に修正をかける。実績値がまだ3カ月分しか開示されていないこの段階では、通期業績予想に対する進捗率が多少高くても企業は慎重姿勢を崩さず、会社側が上方修正してくるケースはまれだ。たとえ上方修正した場合でも第2四半期（＝上期）の業績予想だけにとどめ、通期予想は据え置くのが一般的。だからこそ、四季報の独自予想が最も際立つのだ。

あわせて「夏号」と「新春号」の特長にも触れておこう。

企業の3月期の本決算の発表が本格化するのは4月後半から5月半ばまで。これは証券取引所が、決算短信の開示を決算期末後45日以内、できれば30日以内が望ましいとのルールを定めているからだ。

そこで6月発売の「夏号」は、前3月期決算の結果と新しく2期分の予想が収録されるため、データブックとしても投資家の注目が特に高い号といえる。

「新春号」は12月に発売される。第2四半期（4～9月）決算を受け、今期だけでなく、より長期のモメンタムも見えてくるため、『会社四季報』最大の特長の一つである2期目予想についてもこの号から修正される銘柄が増えてくる。株式市場でも徐々に2期目の予想に関心が集まり始める。

こうした結果が、読者の支持を集め、『会社四季報』の銘柄情報誌に占めるシェアは82%と圧倒的なものになっている（東洋経済新報社調べ。主要書店データ提供）。さらに『会社四季報』はネット証券に口座を開設していると、ネット証券のサイト内で見ることができる場合が多いので、実質的なシェアはもっと高くなるだろう。

シェアが高いということは利用者の利益につながることを意味する。株式投資もある意味、趣味の世界だ。趣味なら自分の好みを優先するところだが、株式投資が違うのは、経済学者のジョン・メイナード・ケインズが言ったように「美人投票である」という点だ。「すなわち誰がいちばん美人か」を当てるのではなく、「ほかの人は誰に票を入れるのか」を当てるゲームだということだ。その点、シェアの高い『会社四季報』は、ほかの投資家がどの会社に投票しそうかを探すのにうってつけの媒体といえるだろう。

『会社四季報』で探す〈見出し・業績編❷〉

雑誌版『会社四季報』は、速報性という点では『会社四季報オンライン』に追いつかないところはあるが、データを一覧で見られるというメリットもある。例えば、まず「矢印マーク」「ニコちゃんマーク」をざっと見て、その根拠を実際の「業績予想」の数値で確認することも可能だ。

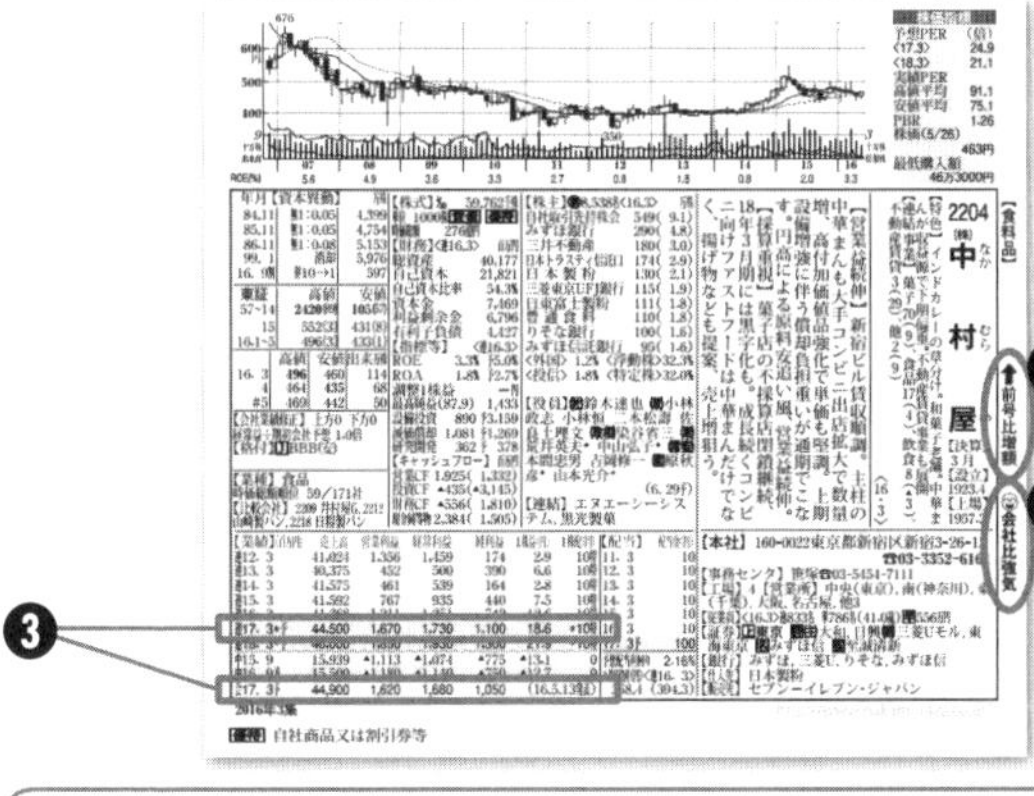

中村屋(2204)

❶業績予想の修正記号(矢印マーク):今号の営業利益の予想と前号の予想を比べ、「⬆⬆大幅増額」(30%以上の増額)、「⬆前号比増額」(5%以上30%未満の増額またはゼロからの黒字)、「⬇前号比減額」(5%以上30%未満の減額またはゼロからの赤字)のように、変化の傾向を矢印で示している。

❷独自予想マーク:『会社四季報』の予想営業利益が会社予想よりも強気か弱気かが一目でわかる。😊マークは強気、😣マークは弱気を表し、「😊😊大幅強気」は四季報予想と会社予想の乖離率が30%以上(四季報予想が強気)であることを示す。

❸業績:本決算、四半期決算の業績数字(売上高、営業利益、経常利益または税前利益、純利益)、1株利益や1株当たりの配当を記載。1株利益、1株当たりの配当は株式分割を反映済み。『会社四季報』編集部による予想数字は「予」などの記号で示されている。

割安株を見つける方法

■代表的な指標、PERとPBR

株式投資に少し慣れてくると、ほぼ必ず行き当たるのが**「割安株」**というものだ。これは企業の実力以上に株価＝市場の評価が低い銘柄のことで、将来株価が上昇する可能性を秘めているため、注目される。こうした割安株を狙って行う投資は**「バリュー投資」**とも言われる。

『会社四季報』には、チャートの脇にある「株価指標」には、割安株を見つけてバリュー投資を行う上での目安になる指標が並んでいる。

まずＰＥＲ（株価収益率）は、株価が1株当たり利益の何倍かを見る指標。「株価÷1株当たり利益（ＥＰＳ／1株益ともいう）」で計算され、単位は「倍」。一般的な割安の目安は15倍以下と言われる。業界による違いはあるが、一般的な割安の目安は、東京証券取引所の上場銘柄の平均PERが16・1倍なので（2016年8月現在）、**16倍を中心にその前後10～20倍を目安とする**のがいいだろう。

『会社四季報』は、原則として過去3決算期について各決算期での最高株価と最低株価を使ってPERを算出し、最も株価が高いときのPERの平均を上段に、最も株価が安いときのPERの平均を下段に載せている。平均のPERを求めるのは、一期だけだと特別利益などの特殊要因によって1株益が大きくなる（＝PERが低くなる）こともあるからだ。

また、PBR（株価純資産倍率）は、「株価÷1株当たり純資産」で求め、株価が1株当たりの価値の何倍であるかを表す。単位は「倍」で、割安の目安は1倍以下。しかし、中には堅調に収益を上げているにもかかわらず、PBRが低いまま放置されている企業もある。そこで、**業績との兼ね合いを見ながらPBRに注目していくと、思わぬ大化け銘柄が見つかることもある**。

■いくら割安でも「万年割安株」には要注意

PERとPBRについて、もう少し細かく見ていこう。

まずPERは、会社の儲けである利益と株価との関係を見る重要指標だ。日本語では株価収益率と訳される。PERの計算には当期純利益を用いる。当期純利益を発行済み株式数で割ると1株当たり利益（ＥＰＳ）が計算できる。これを先ほどの「株価÷1株当たり利益」という計算式に当てはめる。

つまり、会社が稼いだ利益を発行株式の数だけ細かく分けて、株主が持っている株式1株それぞれがいくら稼いでいるのかを見る指標がＥＰＳで、そのＥＰＳと株式1株の値段である株価を比較したのがＰＥＲだ。例えば、ＥＰＳが１００円で株価が１５００円なら、ＰＥＲは「１５００÷１００＝15（倍）」となる。

しかし実際は、同業種の銘柄どうしで比較しあったり、その銘柄の過去のＰＥＲ記録と照らし合わせたりして割高割安を判定する。また、大型株の場合は市場平均と比較してみるという視点は必要だが、成長途上にあるベンチャー企業のような小型株の場合は、あまり市場平均は参考にならない。そのため、同業種のライバル企業や、業種が違っても同じような成長段階にある企業などと比べるのが良いだろう。

また、実際に投資する場合はＰＥＲが低く割安な銘柄が良いが、中には常にＰＥＲが低いままという銘柄もある。逆にＰＥＲが高いということは投資家の期待度が高いということを意味している場合もある。その意味では、ＰＥＲが低いから割安だと安易に判断するのは避けたほうがいい。単純に投資家に人気がなく放置されている可能性もあるからだ。

実際、「万年割安株」と呼ばれる銘柄はある。一見すると業績は悪くないのだが、業界

割安株を探す目安「PER・PBR」

■ PER、PBRは割安株の端的な目安

『会社四季報』には各社のPERとPBRが掲載されている。巻頭にはそのランキングもあるが、「ワイド版」の袋とじには、業績も加味したより精度の高い「低PERランキング」などが掲載されている。

予想PER
12.6倍
PBR
1.15倍

株価指標	
予想PER	(倍)
〈17.3〉	12.6
〈18.3〉	11.1
実績PER	
高値平均	12.1
安値平均	7.8
PBR	1.15
株価(8/29)	6147円
最低購入額	61万4700円

トヨタ自動車(7203)

POINT

PERとPBR

業種による違いはあるが、PERは日本の上場企業の平均と言われる15倍以下、PBRは1倍以下が割安の目安と言われる。同業他社と比較してみると良い。

$$\text{PER(倍)} = \frac{\text{株価}}{\text{1株当たり(予想)当期純利益〈EPS〉}}$$

株価が1株当たり(予想)当期純利益の何倍まで買われているかを表す。低いほど株価が割安とされる。

$$\text{PBR(倍)} = \frac{\text{株価}}{\text{1株当たり純資産〈BPS〉}}$$

株価が1株当たり純資産の何倍の水準かを表す。1倍を割り込むと株価は割安とされる。

■ キャッシュフローや業績も併せて見る

PERは、分母の純利益に金利の利払いや特別損益など、事業活動には直接関係しない要素が含まれてしまう。そこで営業キャッシュフロー(CF)がプラスかどうかという点なども確認。また、業績が順調に伸びているかを確認しておくことも大切。

【格付】SP AA-(安) M Aa3(安) RI AA+(安)
【業種】自動車
時価総額順位 1/8社
【比較会社】7201 日産自動車, 7267 ホンダ, 7269 スズキ

研究開発 10,556億 予10,700億

【キャッシュフロー】	億円
営業CF	44,608(36,857)
投資CF	▲31,825(▲38,134)
財務CF	▲4,235(3,060)
現金同等物	29,394(22,845)

【役員 田章男 知隆 樹 【連結 動車, 米

【業績】(百万円)	売上高	営業利益	税前利益	純利益	1株益(円)
◦14. 3	25,691,911	2,292,112	2,441,080	1,823,119	575.3
◦15. 3	27,234,521	2,750,564	2,892,828	2,173,338	688.0
◦16. 3	28,403,118	2,853,971	2,983,381	2,312,694	741.4
◦17. 3予	26,500,000	1,680,000	1,850,000	1,510,000	489.7
◦18. 3予	27,500,000	1,950,000	2,150,000	1,700,000	551.4
中15. 9	14,091,488	1,583,405	1,675,151	1,258,112	399.4
中16. 9予	13,000,000	1,000,000	1,100,000	750,000	243.2
四15. 4-6	6,987,648	756,001	845,259	646,394	205.4
四16. 4-6	6,589,113	642,230	677,056	552,465	181.1
会17. 3予	26,000,000	1,600,000	1,780,000	1,450,000	(16.

平均のＰＥＲやライバル企業と比較しても、ＰＥＲの差が一向に縮まることがなく、低い評価が定着している銘柄だ。

そのため、同業種やライバル企業がわからないときは、業績欄の上にある【業種】が同じ銘柄や【比較会社】欄にある比較会社を見れば、簡単に見つけることができる。

「××倍なら割安（割高）」と杓子定規に考えるのではなく、このように業種の平均値やライバル企業、その企業の過去の水準と比較したうえで判断することが肝心だ。

■「予想ＰＥＲ」と「実績ＰＥＲ」の使い分け

『会社四季報』には、株価チャート欄の右横に（『会社四季報オンライン』の場合は業績欄の下に）、その銘柄の2期分の「予想ＰＥＲ」と過去3期分の高安平均の「実績ＰＥＲ」が掲載されている。これらの数値をうまく利用するにはどうすればいいか。

まず2期分のＰＥＲについて説明したい。株式投資の世界では、決算期の終盤が近づくにつれ、市場の視線は徐々に来期業績へと移っていく。3月期決算企業の場合、年を越えた1月あたりがその境目になる。そのタイミングで12月発売の「新春号」に掲載された、この2つのＰＥＲのトレンドに注目する。

大きく成長する企業の場合、1期目から2期目にかけて、ＰＥＲがグンと小さくなる。

つまり一気に割安感が台頭してくるのだ。そんな会社は狙い目だ。足元の株価と来期の予想1株利益を使って実際にPERを算出してみて、まだ市場が気づいていないようならチャンス。3月発売の「春号」では、来期PERの注目度はさらにアップする。

一方、実績PERは、過去3期分の最高PERの平均が「高値平均」、最低PERの平均が「安値平均」として掲載されている。これは簡単に言えば、過去3年の実績から見たPERの上限と下限を示している。先に「PERが高いということは投資家の期待度が高い」と説明したが、その意味でPERの上限と下限は、「その銘柄の人気の上限と下限」とも言い換えられる。つまり、**直近の予想PERが過去の「高値平均」に近づいていれば、そろそろ売り時か**という判断材料になるし、**「安値平均」付近なら、そろそろ仕込み場か**といった判断のヒントになる。

また、株価が上方修正などをどこまで織り込んでいるかを考える際にも役に立つ。実績PERと足元のPERを比較して、実績PERの上限に修正後の1株利益で計算したPERが達していなければ、まだまだ上値余地があると考えられる。

■PBRは「解散価値の1倍」が水準

次にPBRについて見ていこう。これは資産価値から割安度を見る指標だ。

企業の評価は、資産をたくさん持っているかどうかで変わってくる。資産が豊富にあれば経営も安定し、厳しい経済環境下でも生き残ることができるからだ。

計算式は「株価÷1株（当たり）純資産」。少し専門的な話になるが、ここで使われる「純資産」とは、貸借対照表上の純資産の部から少数株主持ち分と新株予約権を除いた全額のことで、「自己資本」を意味する。

この自己資本を発行済み株式数で割って、BPS（1株純資産）を出す。そして株価でこのBPSを割ればPBRが出る。PERの1株利益（EPS）を1株純資産（BPS）に置き換えただけなのでわかりやすいかと思う。なお、BPSの数値は『会社四季報』に載っているので、わざわざ計算する必要はない。

『会社四季報』2016年秋号では、トヨタ自動車の実績PBRは1・06倍、ホンダは0・80倍、日産自動車は0・89倍となっており、この時点ではホンダが一番の割安となっている。市場平均、業界平均（輸送用機器）はともに1・1倍だが、市場平均だけでなく業界平均や同業種のライバル社と比較することも大切だ。

PBRを見る場合に注意したいのは「1倍」が基準になっていることだ。1株純資産（BPS）は、その会社が解散しようと決めて保有する資産を売却し負債を返済して残るはずの純資産を1株当たりに分けた金額だ。そのためこれは「解散価値」とも言われる。

株価は本来、この解散価値以上の水準で計算されるが、実際はＰＢＲが市場水準以下に置かれている割安な業種もたくさんある。市場環境が好転して投資家心理が改善すれば、ＰＢＲが市場水準以下の業種銘柄も減ってくるだろう。それにＰＢＲ１倍を割り込んだ株価（解散価値以下の株価）が長期間続くと、海外ファンド等による買収の標的になる可能性もある。

ただし、ＰＢＲが１倍を割っているからといって即買いと判断するのは危険だ。赤字が続いている会社の場合、今の資産が割安でも、将来の株主に帰属する資産が時間の経過とともに食いつぶされてしまう可能性があるからだ。特殊事情がある可能性もあるので、自己資本比率や有利子負債などと併せてチェックすることが大切だ。

逆に、ブランド力や独自技術、優れた人材など貸借対照表には表れない資産を持つ企業では、ＰＢＲは高くなりやすい。

■スクリーニングで割安株を探し出す

ＰＥＲ、ＰＢＲの低い割安株を探すのにも、『会社四季報オンライン』のスクリーニング機能が役立つ。

まずこれは共通の基本項目だが、取引所（東証１部上場）を選択、検索条件の「割安性

（フロー）」から「今季（または来期）ＰＥＲ」の項目を選ぶ。

ＰＥＲの低い銘柄を探すにはまず、東証１部上場市場の平均ＰＥＲが15倍の場合、数値基準として０以上～15以下と設定する。すると、東証１部の市場平均以上（ＰＥＲが低く割安）の銘柄が調べられる。

ただし、毎日更新されているＰＥＲ算出に使っている１株利益は、自己株式数を控除しない株式数を使って計算しており、雑誌版『会社四季報』とは基準が異なるので、利用の際は注意したい。

次にＰＢＲの低い銘柄を「スクリーニング」で探してみよう。基本的な選択項目はＰＥＲの場合と同じだが、検索条件の「割安性（ストック）」から「実績ＰＢＲ」という項目を選ぶ。数値基準には「０以上～０・99以下」と入れる。これで株価が解散価値＝ＰＢＲ１倍にも満たない水準にある銘柄を選ぶことができる。

さらに高度な検索もできる。例えば、①前期純資産（自己資本）３００億円以上で、②営業利益が30億円以上、かつ③前期、今期とも営業利益増益率が10％以上、であることを条件に低ＰＢＲ銘柄を検索すると、１位はシートベルト、エアバッグなど自動車安全部品で世界２位のタカタ（７３１２）になった（２０１６年１月時点）。同社は周知のとおり、エアバッグの欠陥が相次ぎ、世界的にリコール問題が拡大している。

『会社四季報』2016年1集には「全世界4000万台規模のリコール費用は責任分担確定せず未計上。集団訴訟リスクも残る」とあり、業績の先行きに対する不透明感が強い。PBRが低いのも損失計上を見越してのことだ。このようなケースもあるので、単純にPBR1倍で評価せず、なぜ割安に放置されているのかは必ずチェックしたい。

ちなみに、同じ検索条件で2位になった堺化学工業（4078）は酸化チタン大手で、電子材料や風邪薬「改源」を含む薬品事業なども展開している。同社の今2016年3月期営業利益はこの時点で46億円の見通し。これは、過去最高純利益だった2007年の88億円のほぼ半分の水準ながら、業績のボトムをつけた2013年3月期からは順調な回復途上にある。主力の酸化チタン事業に鉱石安・重油安の追い風が吹いており、顧客の国産品回帰で操業度も上がっている、といった具合だ。

ここに入力した数値はあくまでも仮の数値だが、自分なりに業界ごとの割安の基準などを設けて、独自の割安株を見つけてみよう。

■業界内比較は四季報ページから簡単にできる

『四季報オンライン』では、業界平均やライバル企業のPERも簡単に調べられる。四季報ページの「ライバル比較」欄を見ればいい。平均値はこの欄の売上高や時価総額の近い銘柄で計算するといいだろう。

例えば、大成建設〈1801〉の場合は、大手ゼネコン4社（大成建設、大林組〈1802〉、清水建設〈1803〉、鹿島〈1812〉）が売上高も時価総額も近いので、この4社のPERを平均すればよいだろう。

さらに「ベーシックプラン+チャートオプション」以上に申し込むと、各銘柄のプレミアム企業情報ページから、業種別銘柄一覧ページ（※クリックすると「東洋経済業種『建設・土木』の銘柄一覧」の同ページが開く）に移動できる。少し手間はかかるが、このページにある各銘柄のPERから平均値を算出すれば、より広範に業種内での平均値を求めることができる。

『会社四季報』では、過去3決算期について各決算期での最高株価と最低株価を使ってPERを算出し、最も株価が高いときのPERの平均を上段に、最も株価が安いときのPERの平均を下段に掲載している。平均のPERを求めるのは、1期だけだと特別利益などの特殊要因によって1株益が大きくなる（=PERが低くなる）ことなどもあるからだ。またPBRは、直近実績決算の1株あたり純資産と、直近株価を用いて算出している。PER、PBRともに、1000倍を超えるなどの異常値は排除している。

『会社四季報』で探す〈割安株編〉

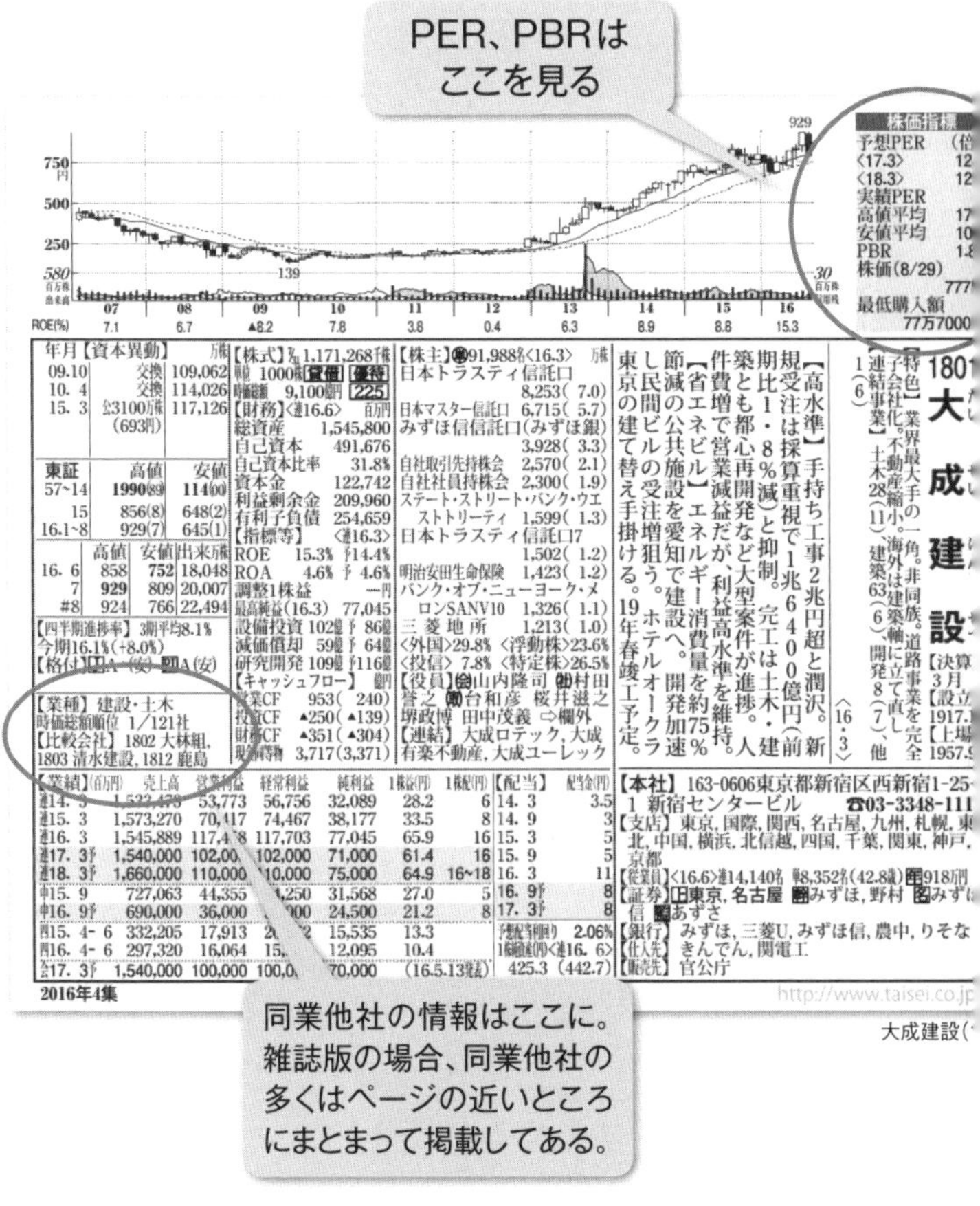

1801 大成建設

【特色】業界最大手の一角。非同族。道路事業を完全子会社化。不動産縮小。海外は建築軸に立て直し
【連結事業】土木28(11)、建築63(6)、開発8(7)、他1(6)〈16・3〉

【高水準】手持ち工事2兆円超と潤沢。新規受注は採算重視で1兆6400億円(前期比1・8%減)と抑制。完工は土木・建築とも都心再開発など大型案件が進捗。人件費増で営業減益だが、利益高水準を維持。

【省エネビル】エネルギー消費量を約75%節減の公共施設を愛知で建設へ。開発加速し民間ビルの受注増狙う。ホテルオークラ東京の建て替え手掛ける。19年春竣工予定。

年月【資本異動】		万株
09.10	交換	109,062
10. 4	交換	114,026
15. 3	公3100万株(693円)	117,126

東証	高値	安値
57~14	**1990**(89)	**114**(00)
15	856(8)	648(2)
16.1~8	929(7)	645(1)

	高値	安値	出来万株
16. 6	858	**752**	18,048
7	**929**	809	20,007
#8	924	766	22,494

【四半期進捗率】3期平均8.1%
今期16.1%(+8.0%)
【格付】A(安) A(安)
【業種】建設・土木
時価総額順位 1/121社
【比較会社】1802 大林組，1803 清水建設，1812 鹿島

【株式】3/31 1,171,268千株
単位 1000株 貸借 優待
時価総額 9,100億円 225
【財務】〈連16.6〉 百万円
総資産 1,545,800
自己資本 491,676
自己資本比率 31.8%
資本金 122,742
利益剰余金 209,960
有利子負債 254,659
【指標等】〈連16.3〉
ROE 15.3% 予14.4%
ROA 4.6% 予 4.6%
調整1株益 ー円
最高純益(16.3) 77,045
設備投資 102億 予 86億
減価償却 59億 予 64億
研究開発 109億 予116億
【キャッシュフロー】 億円
営業CF 953(240)
投資CF ▲250(▲139)
財務CF ▲351(▲304)
現金同等物 3,717(3,371)

【株主】単91,988名〈16.3〉 万株
日本トラスティ信託口 8,253(7.0)
日本マスター信託口 6,715(5.7)
みずほ信信託口(みずほ銀) 3,928(3.3)
自社取引先持株会 2,570(2.1)
自社社員持株会 2,300(1.9)
ステート・ストリート・バンク・ウエストトリーティ 1,599(1.3)
日本トラスティ信託口7 1,502(1.2)
明治安田生命保険 1,423(1.2)
バンク・オブ・ニューヨーク・メロンSANV10 1,326(1.1)
三菱地所 1,213(1.0)
〈外国〉29.8% 〈浮動株〉23.6%
〈投信〉7.8% 〈特定株〉26.5%
【役員】会山内隆司 社村田誉之 副台和彦 桜井滋之 堺政博 田中茂義 ⇨欄外
【連結】大成ロテック，大成有楽不動産，大成ユーレック

【業績】(百万円)	売上高	営業利益	経常利益	純利益	1株益(円)	1株配(円)
連14. 3	1,533,478	53,773	56,756	32,089	28.2	6
連15. 3	1,573,270	70,417	74,467	38,177	33.5	8
連16. 3	1,545,889	117,4?8	117,703	77,045	65.9	16
連17. 3予	1,540,000	102,00?	102,000	71,000	61.4	16
連18. 3予	1,660,000	110,000	?10,000	75,000	64.9	16~18
中15. 9	727,063	44,355	?,250	31,568	27.0	5
中16. 9予	690,000	36,000	?,000	24,500	21.2	8
四15. 4- 6	332,205	17,913	2?,?2	15,535	13.3	
四16. 4- 6	297,320	16,064	15,?	12,095	10.4	
会17. 3予	1,540,000	100,000	100,0?	70,000	(16.5.13発表)	

【配当】	配当金(円)
14. 3	3.5
14. 9	3
15. 3	5
15. 9	5
16. 3	11
16. 9予	8
17. 3予	8
予想配当利回り	2.06%
1株純資産(円)〈連16. 6〉	425.3 (442.7)

【本社】163-0606東京都新宿区西新宿1-25-1 新宿センタービル ☎03-3348-111
【支店】東京，国際，関西，名古屋，九州，札幌，東北，中国，横浜，北信越，四国，千葉，関東，神戸，京都
【従業員】〈16.6〉連14,140名 単8,352名(42.8歳) 年918万円
【証券】上東京，名古屋 幹みずほ，野村 名みずほ信 監あずさ
【銀行】みずほ，三菱U，みずほ信，農中，りそな
【仕入先】きんでん，関電工
【販売先】官公庁
【決算】3月
【設立】1917.
【上場】1957.

2016年4集
http://www.taisei.co.jp

大成建設(

配当（インカムゲイン）で儲けるなら

■超低金利時代に活用したい、配当狙いの投資

株式投資には、安く買って高く売り、その利益を得るキャピタルゲインと、**配当金で稼ぐインカムゲインという方法がある**。今のように超低金利、マイナス金利の時代では、定期預金でも年間の利息は微々たるものだ。しかし、配当金ならどうだろうか。

配当金とは、株主がもらうことができる利益の分配のことだ。例えば1株当たり30円の配当金の株を1000株持っていたら、30円×1000株＝3万円の配当金（税引き前）を受け取ることができる。

株価1000円の株を1000株買うには100万円が必要だが、同じ100万円を銀行の定期預金にしても、年間の配当は数百円程度だろう。もちろんリスクは存在するが、昨今の超低金利時代に株式投資は有効な資産運用の方法といえよう。

『会社四季報』で上場会社の配当金がどのくらいか確認するときは、配当欄を見るといい。本決算期末、第2四半期決算（中間決算）期末、第1・3四半期決算期末など、配当の基準となる年月ごとの配当金（1株当たり）が記載されている。また、予想配当金については、原則として基準年月が1年半先の本決算のものまで記載されている。

■『会社四季報オンライン』で配当を見る

実際に『会社四季報オンライン』の四季報ページで、配当の内容を見てみよう。77ページの図は小野薬品工業（4528）の配当の実績と予想の数字だ。左側が年間の配当で、この四季報ページ上では2016年3月期まで3年連続して36円の配当を行ってきており、2017年3月期は40円、2018年3月期は40～45円の配当を行うと四季報編集部の記者が予想している。右側は半期ごとに受け取った配当の額を示したもので、いずれも90円となっている。小野薬品工業は3月期決算の会社で、4月から9月までの6カ月で90円の配当を行い、年間で36円の配当を行った、ということがわかる。

しかし半期（右側）の配当が90円なら、左側の配当は180円になっていなければおかしい。これは、左側の1株配の部分が、株式分割による調整をした後の配当金額を示しているためだ。

ここで四季報ページの左上にある「資本異動」の欄を見ると、「分1→5」という数字が書いてある。これは株式分割を行って1株を5株に分割したことを意味している。

会社は発行済み株式数を増やして、株式市場での流動性を増やしたり、株価を引き下げて購入しやすくしたりする目的で、株式分割を行うことがある。株価1万円の株式を5株に分割すれば株価は10000÷5＝2000円となる。

通期（1年）で36円の配当金は、180を5で割った後の1株当たりの数字というわけだ。左側は分割によって増えた株式を購入し配当調整したもので、配当の増減のトレンドを示している。右側だけを見ると2016年3月まで90円の配当を行ったのに、2016年9月期に20円とあると、大幅に配当が減ると勘違いする人もいるかもしれない。

しかし左側の調整後の配当を見ると2016年3月期まで36円だったものが2017年3月期には40円と、実質的には配当が増える予定であることがわかる。

ちなみに『会社四季報オンライン』では、四季報ページでいつでも最新の株価と配当予想で計算した配当利回りをチェックできる。最新データランキングページでは、高配当利回り銘柄ランキングも用意しているので、銘柄選びに活用してみたい。

配当性向を見る

配当関連
情報

❶配当金

本決算期末、第2四半期決算(中間決算)期末、第1・3四半期決算期末などの1株当たりの配当金。さらに予想配当金も記載。

小野薬品工業(4528)

【業績】(百万円)	売上高	営業利益	税前利益	純利益	1株益(円)	1株配(円)	【配当】	配当金(円)
◊14. 3*	143,247	26,423	29,458	20,350	38.4	36	14. 3	90
◊15. 3*	135,775	14,794	18,305	12,976	24.5	36	14. 9	90
◊16. 3*	160,284	30,507	33,272	24,979	47.1	36	15. 3	90
◊17. 3予	280,000	82,500	85,000	63,200	119.2	40	15. 9	90
◊18. 3予	330,000	100,000	102,500	76,000	143.4	40~45	16. 3	90
中15. 9*	70,303	14,404	15,904	11,873	22.4	18	16. 9予	20
中16. 9予	125,000	32,000	33,500	24,800	46.8	20	17. 3予	20
四15. 4- 6*	35,696	11,674	13,208	9,453	17.8		予想配当利回り	1.49%
四16. 4- 6	58,757	17,244	18,245	13,680	25.8		1株純資産(円)<◊16. 6>	
会17. 3予	259,000	72,500	75,000	55,800	(16.5.11発表)		892.3	(889.4)

❷1株当たり配当

1株配は、その左にある1株益と合わせて、株式分割があってもそのどちらか(もしくは両方)の増減を時系列で比較できるよう、数値を調整している。調整は、株価チャートの横にある株価指標欄の株価に対応している。

❸予想配当利回り

「予想される1株当たりの配当金÷株価×100(%)」で計算される。インカムゲイン狙いの投資の場合、巻頭の予想配当利回りランキングと合わせて見ると参考になる。

❹株式分割

【資本異動】の欄にある「分1→5」などの表記は、株式分割が行われたことを示している。「分1→5」の場合は、株式が分割されて発行済み株式数が5倍になったことを示している。

年月	【資本異動】	万株	【株式】7/31 589,237千
85. 7	無1:0.25	11,107	単位 100株
88. 1	無1:0.08	12,048	時価総額 15,815億円
89. 1	無1:0.02	12,291	【財務】<◊16.6> 百万
11. 4	消却	11,784	総資産 540,40
16. 4	分1→5	58,923	自己資本 472,91
東証	高値	安値	自己資本比率 87.5
62~14	15350(84)	133(66)	資本金 17,35
15	22400(12)	10310(1)	利益剰余金 456,91
			有利子負債 888

ク&トラスト 241(2.0)

■企業の株主重視の姿勢が強まっている

近年では配当を増やす企業が増えている。これは、**経営指標としてのROE（自己資本利益率）が重視されてきた**ことが大きい。ROEとは純利益を自己資本で割ったもので、企業の収益性を測る指標だ（詳しくは170ページを参照）。その背景には、二つの理由がある。一つは、2014年に算出が始まった「JPX日経インデックス400」がROEを銘柄採用の重要な基準としたこと。もう一つは、2015年6月に東京証券取引所が上場企業に「コーポレートガバナンス・コード」を適用したことだ。この行動指針では、「株主に対して、収益力・資本効率等に関する目標をわかりやすい言葉や論理で説明を行うべき」としており、この尺度こそがROEだからだ。

ROEを向上させるには、「純利益÷自己資本」という計算式の分子にある「純利益」を大きくするか、分母の「自己資本」を減らすという二つの方法がある。自己資本を減らすには、自社株買いや増配を通じて、余った資金を株主に還元する。

最近では、配当性向や総還元性向の目標値を掲げる企業も多い。配当性向とは、純利益からどれだけの割合で株主配当に回すかを示す値のことだ（79ページ図参照）。50％の配当性向をメドにしている会社なら、1株利益の50％が配当金の目安になる。総還元性向は

配当金とは?

配当金とは、株主が受け取ることのできる利益の分配。当期純利益から分配されるため、高い利益を上げている企業は、配当も高い傾向にある。利益をどれだけ配当に回しているかを示す指標を配当性向というが、配当性向の高い企業=優良企業とは限らない。以下の2社を比較してみよう。

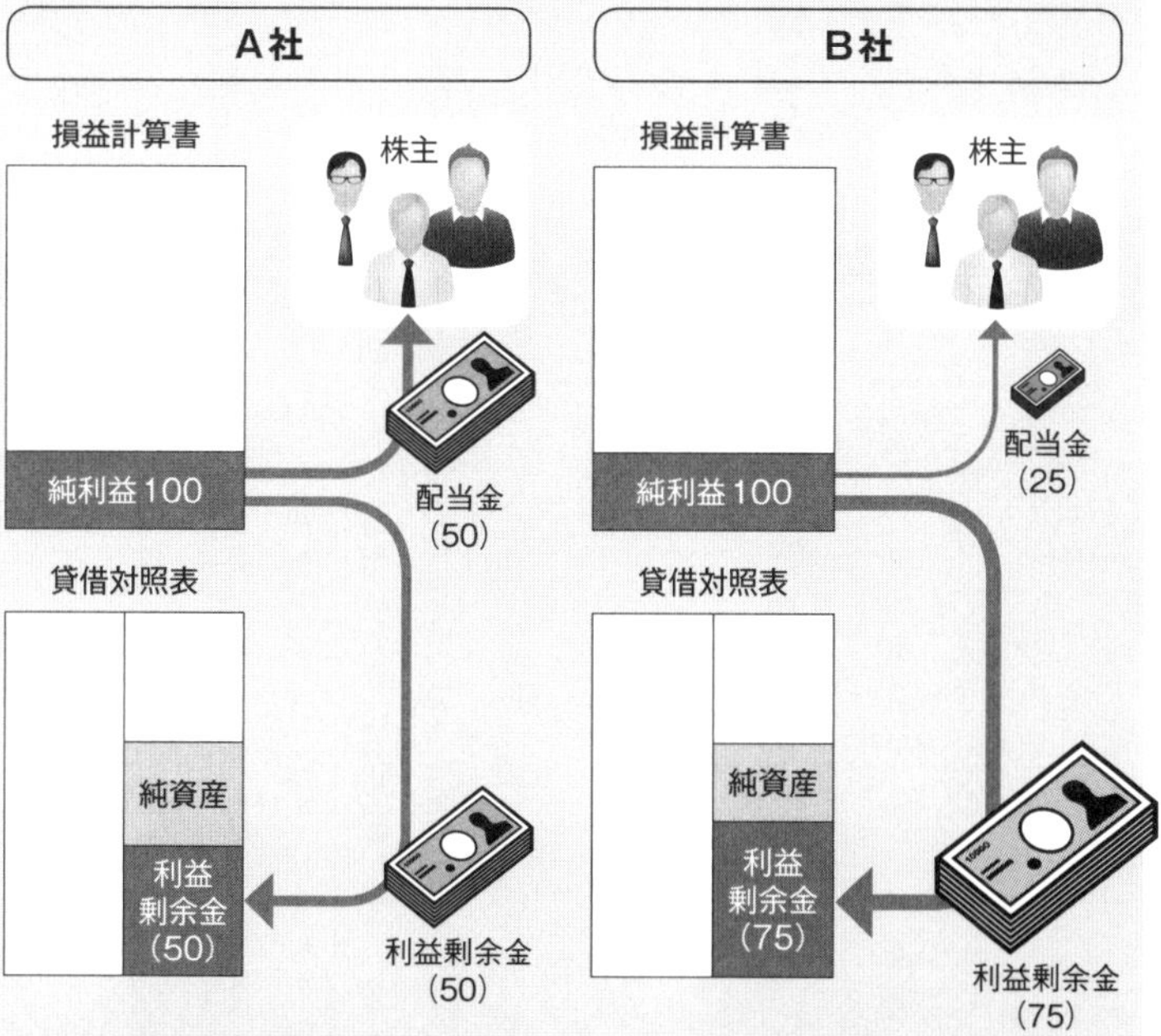

配当性向50%

当期純利益のうち50%を配当に回し、50%を利益剰余金に充当。配当性向はB社に比べて高いが、将来の投資資金など、事業の成長に投資できる資金が相対的に少なくなる。

配当性向25%

当期純利益のうち25%を配当に回し、75%を利益剰余金に充当。配当性向はA社に比べて低いが、事業に投資できる資金が相対的に多くなり、将来の成長が期待できる。

配当金に自社株買いの金額も加えたものだ。

配当性向のメドを示している会社の場合、株主はその会社の利益が増えれば増えるほど、受け取る配当も増加していく。また、**配当に前向きな会社の株は長期間保有されることが多く、相場下落時にも下値抵抗力が強くなる（＝株価が下がりにくい）という傾向がある。**

配当利回りの高い銘柄を探す際にも、『会社四季報』は役に立つ。業績だけでなく、配当も独自に予想しており、配当利回りも参考情報として掲載しているからだ。

予想配当は、四季報編集部の記者が予想した年間配当（幅がある場合は低いほう）と『会社四季報』締め切り直前の株価を基に計算したものだ。配当利回りの高い銘柄は、期末（権利確定日）が近づくと配当狙いの買いで株価が上昇しやすいので、早い段階から株価をチェックし、株価が上昇する前に仕込みたいところだ。

■株主の権利を得るときには購入日に気を付けよう

高配当銘柄の購入に当たっては、注意したい点もある。まず、業績や財務内容を確認すること。業績自体が悪ければ予定していた配当を減らしたり、取りやめたりする可能性も出てくるし、株価の値下がりリスクも大きいからだ。

もう一つの注意点は、投資のタイミングだ。配当を受け取れるのは、株主名簿に名前が

配当金も注目のポイント

毎年配当を増やし続けている会社は一般的に体力もあり、下げ相場の際にも下値抵抗力が強いと考えられる。下は日清製粉グループ本社（2002）の四季報ページだが、記事欄にも「連続増配」と書かれている。『会社四季報オンライン』では「連続増配」で検索するだけで、こうした銘柄が簡単に見つけられる。

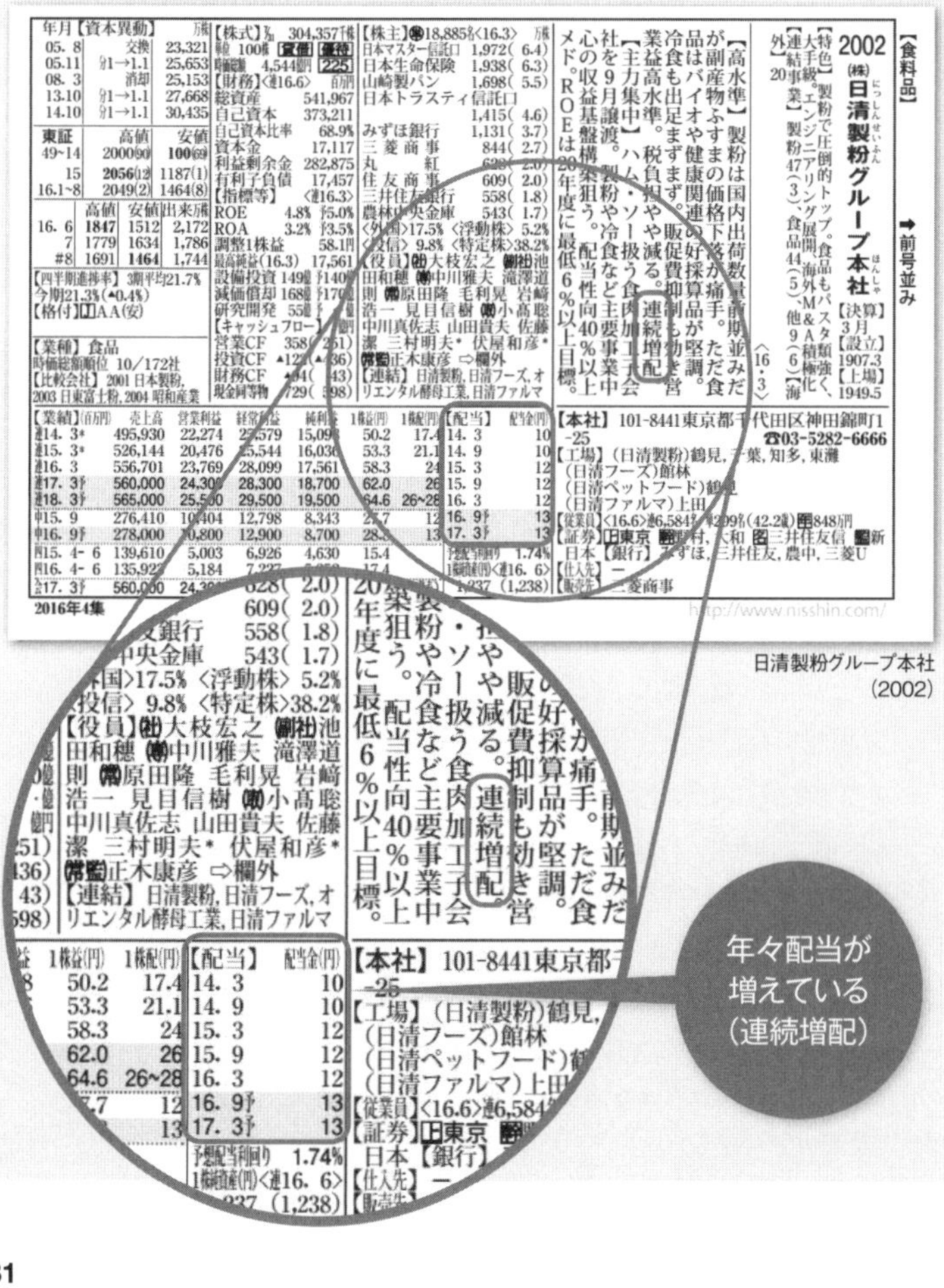
年々配当が
増えている
（連続増配）

日清製粉グループ本社
（2002）

載った株主だけだ。株主名簿に名前が載るには、期末（中間配当なら第２四半期末）の権利確定日の４営業日前（権利付き最終売買日）の大引け（ＰＴＳ取引の場合、日中のデイタイム・セッション取引時間終了）までに株を購入しておく必要がある。例えば３月31日が金曜日の場合、権利付き最終売買日は３月28日の火曜日になる。翌日の29日は「権利落ち日」といわれ、その日以降に買付をしても、次回以降の権利確定日まで株主権利を得ることはできない。また、期末は必ずしも月末とは限らない会社があるので、注意が必要だ（20日が期末の会社もある）。『会社四季報』では、月末が期末でない会社には社名下の【決算】欄で「２・20」などと、日付まで記載している。

『会社四季報』で探す〈配当編〉

『会社四季報』では、P77図のように、配当金、1株当たりの配当、予想配当利回りなどを【配当】欄、【業績】欄で紹介しているほか、【資本異動】欄で株式分割の情報などを提供している。また、巻頭には「連続増配ランキング」もあって、P81の日清製粉グループ本社（2002）のように連続増配の銘柄を一覧で紹介している。ランキングには、増配を繰り返している年数、今期配当予想、今季の増益率、予想PERや配当利回り、最低購入額なども紹介されている。増配や自社株買いなど株主還元を続けるには、業績の着実な向上と、キャッシュリッチであることが必要になる。そのため、業績の裏付けも大切なのである。

株主優待狙いの銘柄探し

■上場企業の約3分の1が株主優待を用意

個人投資家の中には、値上がり益（キャピタルゲイン）や配当金（インカムゲイン）だけでなく、会社が株主に贈る株主優待を楽しみに株式投資をしている人も少なくない。

株主優待制度を導入する会社は増え続けており、**最近では上場会社の約3分の1の会社が制度を導入している**。逆に言えば、優待だけを目的に株式投資をしている人は、全銘柄の3分の1の銘柄を探すだけでいいので、銘柄探しの労力も3分の1で済むといえる。

個人株主や長期保有の株主を増やすのが狙いの株主優待だが、その内容は自社製品や買物割引券、金券など会社によってさまざまだ。オリエンタルランド（4661）の株主優待は「東京ディズニーランド」か「東京ディズニーシー」で1日遊べる「1デーパスポート」（400株以上。3月のみ100株以上）、日本マクドナルドホールディングス（2702）

株主優待の例

社名	証券コード	優待内容
美樹工業	1718	野菜（ブロッコリーの新芽・国産チコリなど）、
マサル	1795	「サマージャンボ宝くじ」10枚（1000株以上、3月のみ）など
大和ハウス工業	1795	自社販売商品（メンタルコミットロボット「パロ」）8%割引販売（100株以上）、全国の同社グループが運営するホテル、ゴルフ場、ホームセンター、スポーツクラブなどの施設の利用券など。
ノバレーゼ	2128	映画鑑賞券、レストラン優待券（30%割引）など
森永乳業	2264	長期保存が可能な豆腐12個
アサヒグループHD	2502	株主限定特製ビールなど
サンセイランディック	3277	パンの缶詰3缶セット
オンリー	3376	自社指定店舗（紳士および婦人服など）の買い物優待券
デリカフーズ	3392	野菜・果物詰め合わせなど
特種東海製紙	3708	3000円相当の自社グループ製品（トイレットペーパーなど）
ダイオーズ	4653	100杯分のコーヒーなど
田谷	4679	自社美容室の優待券。ヘアケア商品も選択可
アビスト	6087	水素水セット（自社子会社製品）
KVK	6484	3000円相当の入浴用品
ムロコーポレーション	7264	フルーツ皮むき機（自社商品）など
スズキ	7269	自社グループ会社輸入販売商品（蜂蜜・岩塩詰合せ／ハンガリー産）
サイゼリヤ	7581	パスタ、オリーブオイルなど
タカラトミー	7867	「トミカ」4台セットおよび「リカちゃん」１体（2016年の例／2000株以上、3月のみ）など
As－meエステール	7872	1万円相当の商品（宝飾品）など
穴吹興産	8928	讃岐うどんセットなどより選択
共成レンテム	9680	北海道特産物（じゃがいもなど）
トーカイ	9729	ビーフカレーなど（自社製品）
加藤産業	9869	自社製手造りジャムセット
ユニバーサルエンターテインメント	6425	優待なし。しかし“隠れ優待”として毎年約1万円相当の株主限定アイテム（2016年は有田焼の小皿セット）

※上記の優待品は、持株数によって内容や数量が変わることがあります。

株主優待の有無を確認

『会社四季報オンライン』の四季報ページから「株主優待」のタグをチェックすると、各社の株主優待の内容がわかる。株主優待のないところは「株主優待制度なし」になっている。

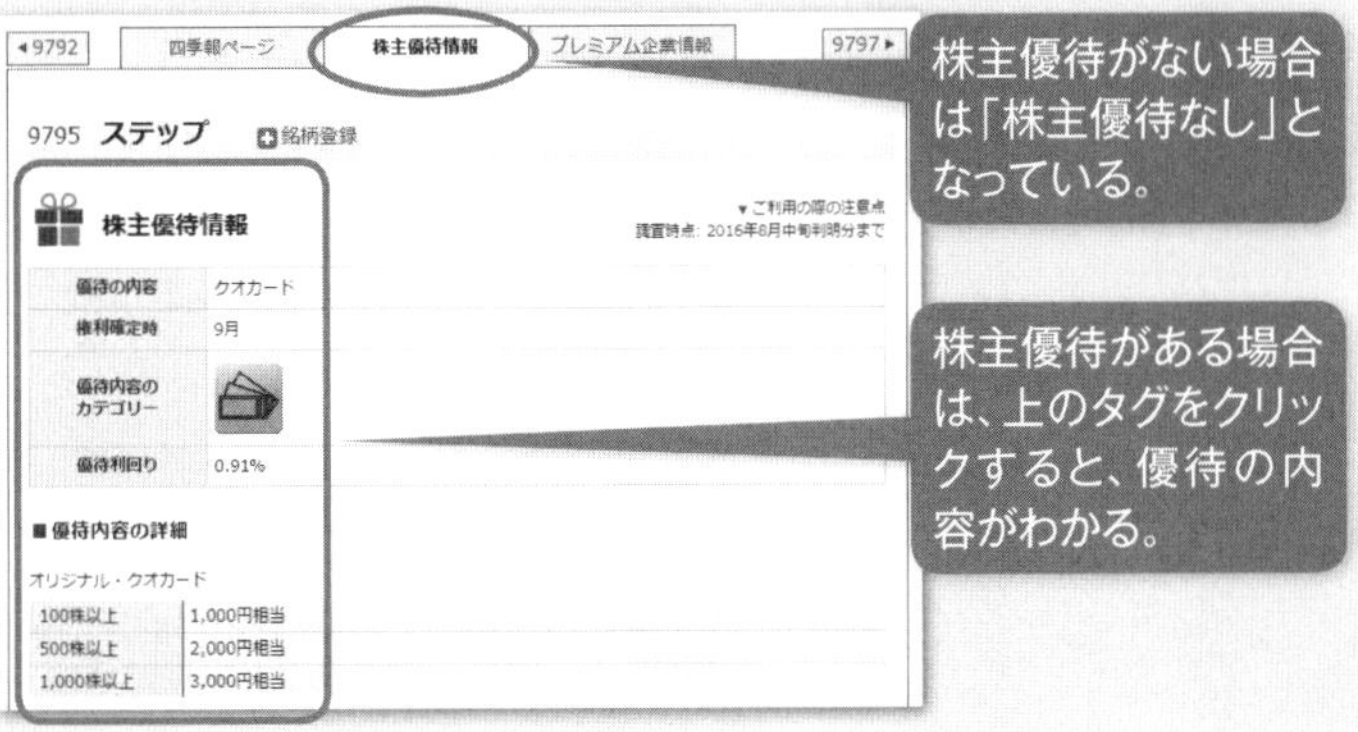
◀9792
四季報ページ
株主優待情報
プレミアム企業情報
9797▶
9795 ステップ
銘柄登録
株主優待情報
▼ご利用の際の注意点
調査時点: 2016年8月中旬判明分まで
優待の内容 クオカード
権利確定時 9月
優待内容のカテゴリー
優待利回り 0.91%
■優待内容の詳細
オリジナル・クオカード
100株以上 1,000円相当
500株以上 2,000円相当
1,000株以上 3,000円相当
株主優待がない場合は「株主優待なし」となっている。
株主優待がある場合は、上のタグをクリックすると、優待の内容がわかる。

の株主優待は、バーガー類、サイドメニュー、飲物、3種類の商品の無料引換券が1枚になったシート6枚で1冊の飲食券だ。そのほか航空券割引優待券や全国チェーン店の飲食券の中には、金券ショップで換金できるものもある。

また、株主優待を実際の「お金」に換算する考え方もある。例えば家族で5000円分の食事をした場合、株主優待でもらった5000円の食事券で支払えば、現金の5000円をセーブできる。5000円分の商品券には当然、5000円の価値があるからだ。

さらに配当もしている会社であれば、「配当+株主優待」分の利益を得ているとも考えられる。1年間の配当金総額と受け取った株主優待の実質価格を合計して投資金額を割ることで「実質配当利回り」を求めることもできる。この実質配当利回りや、株主優待の利回りのランキングは、『会社四季報』の付録や『会社四季報オンライン』で見ることもできる。

■優待人気の銘柄は株価が値下がりしにくい？

株価との関係で見ると、**優待制度の人気の高い銘柄は、株価の下値抵抗も強い**。その代表格は先ほども紹介した日本マクドナルドホールディングス（２７０２）だ。２０１４年夏以降に発覚した期限切れ鶏肉の使用問題や異物混入問題などで客足が遠のき、業績が悪化した。しかし株主優待の人気から、株価は既存店の売上高の落ち込みが続く中でも急落することなく、底堅く推移した。

『会社四季報』では、継続的な株主優待を実施している会社は【株主】欄に「優待」マークを表示し、巻末に株主優待制度の詳細を掲載している。また、巻頭には、「実質利回り」のランキングもあるので、おトクな優待を素早くチェックしたいときに活用するとよいだろう。

■株主優待で失敗しないための3つのポイント

このように、もらってうれしい株主優待だが、優待の魅力だけでその会社の株式を買うと、思わぬ落とし穴に陥る可能性もある。そこで、株主優待で失敗しないために気をつける点を、以下に3つ挙げておこう。

まず株主優待を得るには、配当の場合と同様、権利確定日までに株を保有して、株主名簿に名前が載っていなければいけないということだ。これは74ページの「配当で儲けるなら」を参考にしてほしい。

2つ目に気を付けたいのは、株主優待は会社が自由に廃止したり変更したりできるという点だ。業績が悪くなると、会社は株主優待制度を縮小したり、廃止したりすることがある。居酒屋「和民」などを展開するワタミ（7522）の場合、2015年9月までは100株の株主になると、株主優待として6000円分の食事券を年に2回（計1万2000円分）が提供された。ワタミの実質的な利回りは10％を超えていたが、財務の急激な悪化に伴い、11月24日に優待の見直しを発表。2016年3月末の株主からは1回の優待を3000円分に減らすとした。こうした事態を避けるため、【業績】欄で会社の業績が順調かどうかチェックしておくべきだろう。

株主優待で気を付けるべき点でもう一つ付け加えるとしたら、株式投資では、まず値上がり益や配当金をしっかり確保したいということだ。優待でトクした分など、株価が大幅に値下がりすれば、あっという間に吹き飛んでしまう。業績は悪化していても、株主をつなぎとめるために優待を行っている会社もあるので、業績や株価のチェックはしっかり行って銘柄を選びたい。

■『会社四季報オンライン』で優待情報をチェック

『会社四季報オンライン』では、最新の株主優待情報をチェックできる。また、四季報ページからワン・クリックで、株主優待情報を表示できる。株主優待情報ページには、株主優待の写真を表示している会社が6割強あるので、優待選びの参考になるだろう。

例えば、『会社四季報オンライン』の「ツール」→「株主優待」をクリックする。この株主優待のページでは、株主優待制度を実施している銘柄を、権利確定月別、また内容別に一覧表示している。内容別のところでは、飲食券食品、買い物券、金券、ファッション、暮らし、旅行・宿泊・娯楽レジャー、自社商品、長期保有していると特典がある銘柄に分類。お目当ての優待がすぐに見つかる。

飲食券の項目をクリックするとサニーサイドアップ（2180）、エスクリ（2196）、柿安本店（2294）、サッポロホールディングス（2501）などの銘柄が並び、それぞれ株価、権利確定日、優待利回り、予想配当利回り、実質利回りなどが一覧で出てくる。

その中からサッポロホールディングスをクリックすると、同社の株主優待品であるサッ

株主優待利回りランキング

東洋経済オンライン　四季報オンライン　STORE　セミナー　▼ログイン中（P）　ログアウト　プラン変更

会社四季報 ONLINE
Powered By Quants Research

キーワード/証券コード/会社名を入力してくださ　四季報検索　記事検索

お知らせ ・【重要】10/1からベーシックプランの機能を拡充します！
・【最新号】四季報秋号データに更新しました

09月20日 14:5

トップ　マーケット　ランキング　IPO　株式AtoZ　注目銘柄　ツール　登録銘柄

トップ　新着　最新データランキング

トップ ＞ ランキング ＞ 最新データランキング ＞ 優待利回り：全期間　（株価: 2016/09/20 14:31 現在）

登録	No.	コード	社名（市場）	時価総額（億円）	株価	前日比%	優待内容	権利確定時	優待利回り%
登録	1	3318	メガネスーパー（ＪＳ）	99.80	55.0	0.00	買物割引券等	4月,10月	727.27
登録	2	8107	キムラタン（東１）	53.41	6.0	0.00	買物券	3月	83.33
登録	3	8175	ベスト電器（東１）	177.40	106.0	+1.92	買物割引券	2月	47.17
登録	4	3772	ウェルス・マネジ（東２）	34.54	787.0	-5.75	サービス利用権	3月,9月	33.55
登録	5	3726	フォーシーズＨＬＤ（東２）	27.06	391.0	+0.77	株主優待券	9月	25.58
登録	6	2453	ＪＢＬレスキシステム（東１）	68.68	197.0	-0.51	自社サービス割引券	9月	25.38
登録	7	2666	オートウェーブ（ＪＳ）	14.88	101.0	-1.94	買物割引券	3月,9月	17.82
登録	8	9439	エムエイチグループ（ＪＳ）	27.08	237.0	-0.84	美容室優待券	12月	13.67
登録	9	8881	日神不動産（東１）	158.70	339.0	+0.30	ゴルフ場優待券	3月	11.80
登録	10	3205	ダイドーリミテッド（東１）	156.44	411.0	-0.96	自社取扱商品	3月	10.95
登録	11	6628	オンキヨー（ＪＳ）	82.12	100.0	-0.99	買物券	3月,9月	10.00
登録	12	4765	モーニングスター（ＪＳ）	236.81	280.0	-0.71	商品引換券	3月	9.85
登録	13	7185	ヒロセ通商（ＪＳ）	65.67	1,057.0	-5.37	自社キャンペーン商品	9月	9.46
登録	14	5343	ニッコー（名２）	26.35	108.0	-0.92	陶磁器商品	3月,9月	9.26
登録	15	4650	ＳＤエンター（ＪＳ）	58.72	665.0	-0.60	自社又はグループ商品	3月,9月	9.02
登録	16	3598	山喜（東２）	33.19	222.0	0.00	買物券	3月,9月	9.01
登録	17	2769	ヴィレッジヴァンガ（ＪＳ）	94.02	1,221.0	0.00	買物券	11月	8.19
登録	18	3140	イデアインター（ＪＧ）	45.70	739.0	-0.81	グループ商品	6月	8.12
登録	19	9876	コックス（ＪＳ）	71.49	258.0	0.00	買物優待券	2月	7.75
登録	20	5261	リゾートソリ（東１）	178.61	323.0	+0.62	施設利用券	3月,9月	7.43
登録	21	7524	マルシェ（東１）	71.22	834.0	+0.12	飲食券	3月,9月	7.19
登録	22	3071	ストリーム（東Ｍ）	36.23	140.0	+10.24	買物割引券	1月	7.14
登録	23	2193	クックパッド（東１）	1,049.08	965.0	-1.43	サービス利用料無料等	12月	6.84
登録	24	4334	ユークス（ＪＳ）	50.04	448.0	-0.67	自社又は自社関連商品	1月	6.70
登録	25	2652	まんだらけ（東２）	43.99	608.0	0.00	買物券	9月,3月	6.58
登録	26	3372	関門海（東２）	36.66	304.0	0.00	飲食券	3月,9月	6.58
登録	27	8201	さが美（東１）	31.85	77.0	-1.28	買物割引券	2月20日	6.49
登録	28	4837	シダックス（ＪＳ）	170.63	416.0	-0.24	カラオケ割引券	3月	6.49
登録	29	2762	三光マーケティング（東２）	132.65	925.0	+0.33	飲食券	6月,12月	6.49
登録	30	3133	海帆（東Ｍ）	16.57	928.0	-0.11	食事券	3月,9月	6.47
登録	31	4755	楽天（東１）	19,101.41	1,327.0	-0.52	自社クーポン	12月	6.25
登録	32	2404	鉄人化計画（東２）	26.82	400.0	-0.25	自社グループ飲食券	8月	6.25
登録	33	3660	アイスタイル（東１）	455.17	768.0	+2.13	買物割引券	6月	6.25
登録	34	4925	ハーバー研究所（ＪＳ）	123.95	3,220.0	+2.22	買物割引券	3月,9月	6.21
登録	35	8251	パルコ（東１）	976.07	970.0	+0.83	買物割引券	2月,8月	6.19
登録	36	6412	平和（東１）	2,287.62	2,285.0	-0.31	プレー料金割引券	3月,9月	6.13
登録	37	3222	ユナイテドＳＭＨＤ（東１）	1,295.74	983.0	-0.10	買物割引券	2月,8月	6.10
登録	38	7621	うかい（ＪＳ）	154.65	2,960.0	+0.10	飲食券及び招待券	9月	6.08
登録	39	9760	進学会（東１）	98.75	497.0	+0.81	優待券	3月	6.04
登録	40	9831	ヤマダ電機（東１）	4,822.79	506.0	+1.40	買物割引券	3月,9月	5.93
登録	41	4679	田谷（東１）	34.37	676.0	+0.30	美容室優待券	3月,9月	5.92
登録	42	3387	クリエイトレストＨ（東１）	959.54	1,020.0	+0.69	食事券	2月,8月	5.88
登録	43	7875	竹田印刷（名２）	45.05	515.0	+0.39	美術カレンダー	3月,9月	5.83
登録	44	4929	アジュバンコスメＪ（東１）	68.45	860.0	0.00	自社商品	3月20日	5.81

『会社四季報オンライン』では、権利確定月ごとに優待利回りのランキングを掲載。

ポロビールなど、食品飲料詰め合わせが写真入りで出てくる（左写真）。またそこから四季報ページ、プレミアム企業情報などにもワンクリックで移動できるため、業績を確認したいときなども簡単に行える。

また、単純に「株主優待」で検索すると、株主優待を始めた会社、株主優待に力を入れている会社、あるいは逆に優待をやめてしまった会社などが出てくる。例えば丸尾カルシウム（4102）は「株主優待制度の新設」「単元株を引き下げて個人株主増加を狙う」「増配が課題」「中期ROE8%目標」（いずれも2016年「秋号」の四季報ページより）など、株主重視の政策に力を入れていることがわかる。

例えば株主優待をやめる理由を探っていくと、実は業績が低迷して優待が続けられなくなったなどの背景が浮かび上がってくることもあるので、銘柄選びの参考になる。

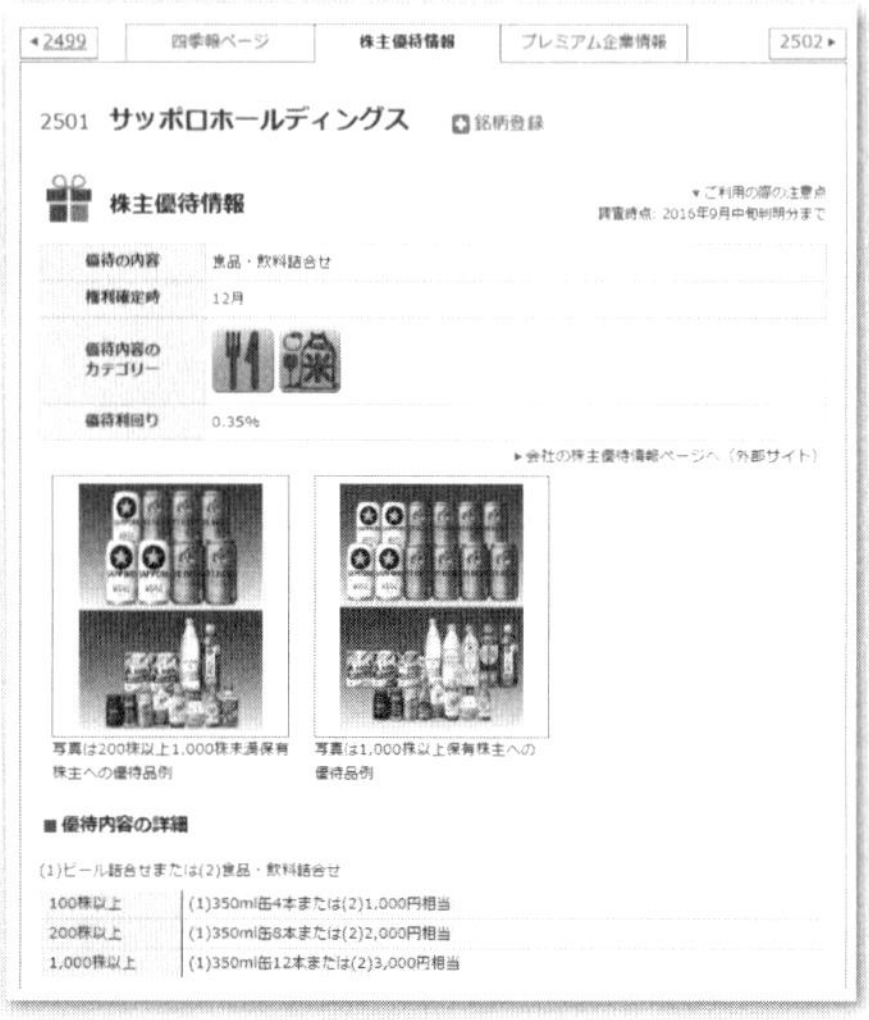
◂2499
四季報ページ
株主優待情報
プレミアム企業情報
2502▸
2501 サッポロホールディングス
銘柄登録
株主優待情報
▾ご利用の際の注意点
調査時点：2016年9月中旬判明分まで
優待の内容
食品・飲料詰合せ
権利確定時
12月
優待内容のカテゴリー
優待利回り
0.35%
▸会社の株主優待情報ページへ（外部サイト）
写真は200株以上1,000株未満保有株主への優待品例
写真は1,000株以上保有株主への優待品例
■優待内容の詳細
(1)ビール詰合せまたは(2)食品・飲料詰合せ
100株以上
(1)350ml缶4本または(2)1,000円相当
200株以上
(1)350ml缶8本または(2)2,000円相当
1,000株以上
(1)350ml缶12本または(2)3,000円相当

サッポロHLD（2501）の株主優待情報

『会社四季報』で探す〈株主優待編〉

『会社四季報』には、巻末に株主優待のある銘柄一覧が掲載され、優待の内容、持ち株数ごとの優待内容、優待を受けるのに必要な権利確定日が一目でわかるようになっている。掲載されているのは基本的に一度限りでなく継続的に行われている株主優待の概要。自社製品の場合はその内容までカッコ内に詳述してある。また、株主優待の新規掲載会社の一覧も掲載されているほか、下図のように半年先までの毎月の権利確定日もわかるようになっている。また、巻頭のランキングでは、配当と株主優待を合わせた「実質配当利回り」の高い企業がランキングで掲載されている。

■ 株主優待カレンダー

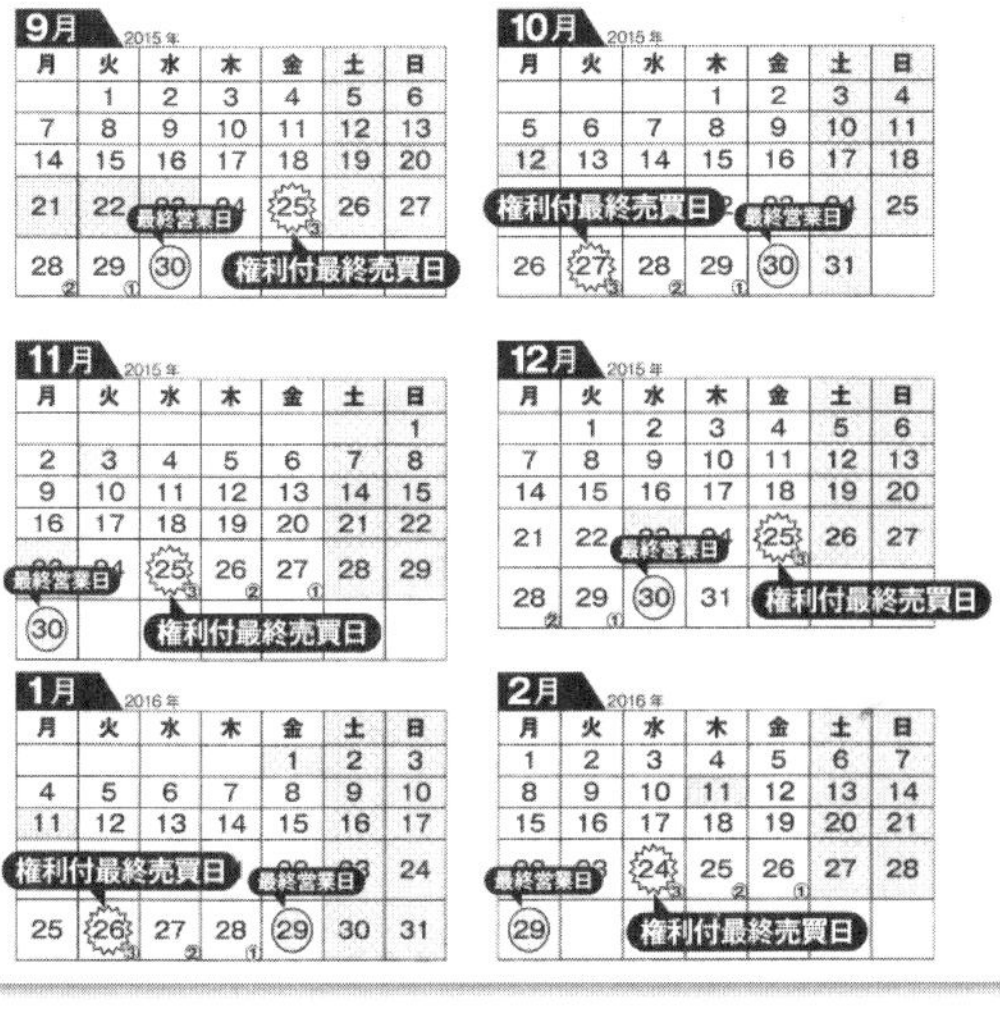

危ない会社の見分け方

■「継続疑義の注記」に注意

株式投資にはリスクも付き物。多少のリスクも負わなければリターンを得られないこともあるが、そのリスクを最小限にするためには、投資しようと思っている会社の経営に危険性がないかどうかをチェックする必要がある。

最悪のケースは、株を保有していた会社が倒産や上場廃止になることだが、そのような兆候があるような会社には、いくつかの共通した特徴が見られ、それらは『会社四季報』や『会社四季報オンライン』でも確認することができる。

わかりやすい特徴は、「継続疑義の注記がある」ことだ。これは今後、会社が継続できない恐れがある、ということだ。

具体的には、営業損失や営業キャッシュフローのマイナスが続いたり、債務超過に陥っ

危ない会社を見分けるポイント

「継続企業の前提に疑義注記」というのは、債務超過や、赤字続きで資金繰りが行き詰まっているなどの理由で、今後その会社の経営に重大な支障が生じる場合に、決算書に記載される注記のこと。"危ない"会社を見分ける端的な指標だ。

『会社四季報オンライン』の「四季報ページ」には、このように表示されている

企業の継続性に疑義注記

【赤字継続】 給排水管設備工事は規模の大きい案件増え堅調。太陽光発電事業は後半に建設用地売却あっても水面下。不動産は案件調査に注力も低調。リフォーム・メンテやエンジンオイルが苦戦し赤字継続。

【新事業】 廃タイヤの再資源化と再生オイルを使用するリサイクル発電プラントの事業化を検討。大阪で販売用不動産取得、改装後に売却予定。継続企業前提に疑義注記。

クレアHLD（1757）

「企業の継続性」にリスクのある会社一覧	業績不振などで継続性に不透明さがある企業について、『会社四季報』では、記事欄で「（継続前提に）重要事象」「疑義注記」等の表現で説明し、巻末でそれらの企業を一覧で掲載している。
上場廃止リスクがある銘柄一覧	上場廃止基準に該当するおそれがある「監理銘柄」や、監理銘柄で審査の結果上場廃止に至らなかった「特設注意」の銘柄などを一覧で掲載。

たりという状態の会社だが、重要な取引先が倒産した場合なども、継続性は危ぶまれる。

まずは単純に、『会社四季報オンライン』で「継続疑義」もしくは「疑義（注記）」を検索してみると、〝危ない〟会社がざっと絞り込めるが、中には継続疑義注記が解消された会社もあるので、見落とさないようにしたい。

■自己資本比率がマイナスになると債務超過

危ない会社を見分ける際には、『会社四季報オンライン』や『会社四季報』の四季報ページの財務欄の指標が役に立つ。

まず、**財務内容が健全かどうかを確認するには、会社の基礎体力を示す自己資本比率や、有利子負債の額・比率、業績の赤字などを見る**。

自己資本とは、株主が出資した資本金や、利益の蓄積である利益剰余金などで構成されている。借入金や社債などと違い、金利がかからないので、これが潤沢にある会社は倒産などの危険性は少ないといえる。この自己資本が会社の資産のどのくらいを占めるのかを示すのが自己資本比率で、「自己資本÷総資産×100（%）」の式で求める。

自己資本比率が減少するまでには、いくつかのプロセスがある。例えば、利益剰余金がマイナス（連結欠損金、繰越損失）の場合だ。過去の利益の蓄積を食い潰した厳しい財務状況にあるうえ、赤字がさらに続いて、自己資本の額が事業の元手である資本金を下回る状況になると、会社が危険な状態に陥る。

そしてついに**自己資本がマイナスになった状態を「債務超過」という**。債務超過を1年以内に解消できない企業は、上場廃止になる。

『会社四季報』では、自己資本がマイナスになった場合、財務欄の自己資本に「▲」がつくため、危険な兆候はすぐにわかる（『会社四季報オンライン』では「▲」の代わりに「－（マイナス）」が付く）。また、「業績」欄には「1株純資産」が載っており、過去に遡って債務超過が続いているかどうかもわかる。

自己資本比率は高いほうが良いといわれるが、90％を超えるような極端な会社の場合、ただ投資を抑えて利益の留保を優先してきただけという可能性もある。そういう会社は、安定性があっても成長性の魅力が少ないといえる。

■借金の多い会社は要注意

次の「有利子負債」は、借入金や社債など支払利息の負担がかかる負債（借金）のことだ。会社は仕入れや研究開発などに多くのお金を使うため、自己資本だけでは賄いきれずに金融機関などからお金を借りる。この借入自体は会社経営にとって珍しいことではなく、むしろ成長する意欲のある会社ほど多額の借り入れをすることもある。ただし、体力以上の借入金は収益を圧迫する。

有利子負債の大きさを見るには、売上高との比較や、総資産に占める割合を目安にする。業種による違いはあるが、売上高を超えるような場合は有利子負債が過大といえるので要注意だ。

■業績の悪化は「四季報ページ」の業績欄で確認

業績が悪化している会社は、一般的に『四季報』の業績欄に「▲」が目立つため、簡単に見分けることができる。

特に営業利益が赤字の場合は要注意。本業が儲かっていないため、会社の事業内容そのものに問題があるということになるからだ。

営業利益に続く利益である経常利益や当期純利益（『会社四季報』では純利益）の赤字も、決して好ましい状態とはいえない。例えば経常利益の赤字は、有利子負債が膨らみ、支払利息が経営を圧迫しているなどの理由が考えられる。

当期純利益が赤字の場合は、リストラ損失や不動産売却損などの特別損失による一時的な赤字である可能性もあるので、赤字の中身をよく見る必要がある。巨額のリストラ損失を計上した結果、その後V字回復を果たして株価が上昇した企業もあるので、特別損失による最終赤字は、必ずしも悪い兆候ばかりとはいえない。

ただし、当期純利益の赤字が続くと、先に説明したように利益剰余金がマイナスになり、マイナスが累積していくと自己資本全体がマイナスになるので注意しておきたい。

そのほか興味深いところでは、「株主」の欄から金融機関や創業一族の名義が消えるということもある。つまり金融機関や創業一族が株式を手放して、〝脱出〟を図っている兆候と考えられ、その会社の危険度を測る端的な指標になる。

『会社四季報』で探す〈危ない会社編〉

『会社四季報』では、まず「▲」マーク、つまり「マイナス」がついているかどうかということに注目したい。自己資本がマイナスになった場合は財務欄の自己資本に、業績が赤字になった場合は業績欄の純利益や経常利益、営業利益の数字に「▲」がつくため、危険な兆候はすぐにわかる。ページをパラパラとめくってこの「▲」が目立つ銘柄は、一般的にはリスクが大きいために投資家からも敬遠されやすい。しかし赤字を解消してV字回復すれば、一転してそれはお宝銘柄になる可能性が高いので、単に「▲」マークだけを見て投資対象から外してしまうのは早急といえるだろう。

「投資家」「株主」の顔ぶれも重要な情報

■外国人株主の割合が多い株は急落に注意！

左ページの図は、株式会社のしくみを簡単に示したものだ。株式会社というのは、「株主」のものであるということがよくわかる。

株式投資を行う際には、買おうとする会社の株式を他にどんな投資家が所有しているのかが重要になる。大口の投資家であれば、その売買行動によって株価が大きく変動するからだ。

『会社四季報』および『会社四季報オンライン』の株主欄には、直近決算期末時点の株主の上位10人と、それぞれの持株数、持株比率が記されている。

最近は投資信託や年金、外国人投資家の名前も上位株主に挙がってきている。外国人投資家は優良株、割安株に投資する傾向が強い一方で、撤退の判断も早いと言われるため、

株式会社のしくみ

株式会社は、株式を発行して投資家から資金を調達し、その資金で事業活動を行う。そのため、株主は会社に資金を提供する、会社の所有者ということになる。取締役は、その所有者である株主から会社の経営を任されている。そのため取締役も、株主総会の場で株主が選任する。

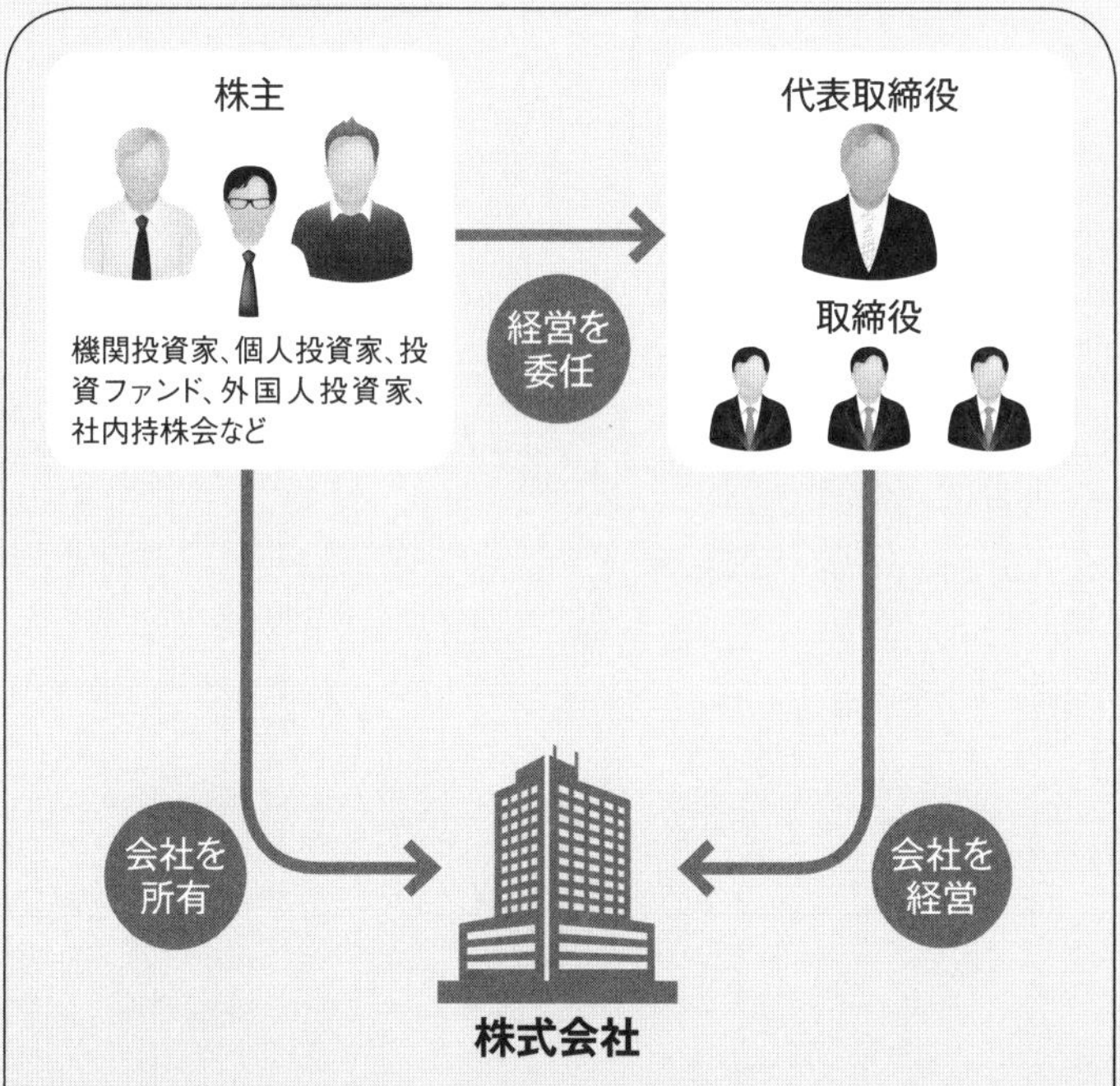

外国人株主の割合が多い会社の株価は、急な大量売りによる値下がりなどにも注意が必要だ。

〈投信〉は、投資信託に組み入れられている株式の割合。この割合が高い銘柄は、機関投資家が好きな銘柄と言える。また、〈浮動株〉割合が高い銘柄、〈特定株〉の割合が低い銘柄は、一般的に市場に出回る株数が多く流動性が高いので、売買がしやすい。

■有名な投資家やファンドに注目

株式市場では、知る人ぞ知る有名な投資家やファンドがある。以下はその一例だ。

- ブラックロック・ジャパン（世界有数の米国資産運用会社の日本法人）
- フィデリティ投信（米国の資産運用大手の日本法人）
- タワー投資顧問（独立系投資顧問会社。カリスマ・ファンドマネジャー清原達郎氏が運用部長）
- レオス・キャピタルワークス（社長は藤野英人氏。２００８年より直販型投資信託「ひふみ投信」を運用）
- C&I Holdings（新生・村上ファンドの投資会社。村上世彰氏本人が保有する場合もある）

このほか米国の資産運用大手のＪＰモルガン・アセット・マネジメント、キャピタル・グループ、ブランデス・インベストメント・パートナーズなどが有名だ。

例えば村上ファンドのような注目度の高いファンドが株主になると、追随して同じ銘柄を購入する投資家が次々に現れて、株価が上昇することがある。つまり、こうした機関投資家の動きを追えば、何かヒントを得られたり、その流れに乗って利ザヤを稼いだりするのもそう難しいことではないということだ。

しかし一方で、彼らは投資のプロなので、投資先の株価が低迷しているときにあえて保有割合を高め、アナウンス効果を狙うケースもある。短期間に株式を買い集めて大量保有を報告し、株価が上がったらすぐに売ってしまうこともあるので、安易な追随買いは禁物だ。

■「大量保有速報」を活用する

日本の証券取引所における売買シェアは、６割が海外投資家のため、海外投資家の動向をチェックすることも欠かせない。

このような**国内外の機関投資家の動向を探る手掛かりになるのが、「大量保有報告書」**だ。大量保有報告書は、上場会社の株式を発行済み株式数の５％を超えて取得した場合や、５％超保有する投資家がその割合を１％以上増減させた場合に、財務局に提出しなければならない法定書類のことで、通称「5%ルール」とも呼ばれる。

大量保有報告書は『会社四季報オンライン』の「ツール→大量保有速報検索」から検索できる。その際、「キャピタル・グループ」の保有銘柄を調べる場合は、検索語が「キャピタル・リサーチ・アンド・マネージメント・カンパニー」「キャピタル・インターナショナル・リミテッド」になるなど、検索語が社名と違う場合もある。これは、検索する投資家名が大量保有報告書ベースになっているからだ。例えば村上ファンドの「C&I Holdings」を検索する場合、「シー&アイ ホールディングス」や「c&i holdings」「C&I Holdings」では結果に表示されない。全角と半角、大文字と小文字の厳密な区別が必要なので注意しよう。

大量保有速報は『会社四季報オンライン』の四季報ページにも表示される。大量保有報告書が提出された場合は「(投資家名)(会社名・証券コード)株に係る変更報告書を提出」と表示されるので、そこをクリックすると、いつ、誰が、何の目的で、何%の株を買った(売った)が書かれた大量保有速報を読める。記事は有料会員限定だが、ヘッドラインだけでも見る価値は高い。

銘柄をチェックする際は大量保有速報が配信されていないかも忘れずに見るとよいだろう。気になる提出者がいたら、大量保有速報検索ページで検索し、売買動向を確認しよう。

■経営者や役員の顔ぶれにも注目しよう

『会社四季報』の【役員】欄には、最新時点での会社法上の取締役と監査役が掲載されている。

株主総会の前でも役職の交代や新しい役員が内定している場合は、原則として異動予定日とともに名前を収録。序列が未確定の場合は、新任を各役職の末尾に掲載している。

筆頭株主と役員欄に出ている社長の名前が同じ場合は、オーナー企業と考えられる。また、同じ名字の役員が複数いる場合は、同族経営の可能性が高い。オーナー企業は、社長がワンマンで決断も早いという傾向があるため、新規事業への取り組みなどに対する決定も迅速で、将来その事業の成功によって大化けする可能性もある。

社長交代があった場合などは、バックナンバーで社長の前職や経歴を確認するとよい。今後どのような分野にその会社が経営の舵《かじ》を切ろうとしているのかなどが予測できる。

『会社四季報オンライン』では、役員の詳細な経歴もワンクリックで閲覧することが可能だ。

『会社四季報』で探す〈株主・投資家編〉

会社四季報の【株主】欄には、直近決算期末時点の株主の上位10人と、それぞれの持株数、持株比率が記されている。下のトヨタ自動車に限らず、投資信託（ファンド）や年金、外国人投資家の名前が上位株主に挙がっている会社は少なくない。外資系のファンドや外国人投資家は優良株、割安株に投資する傾向が強い一方で、撤退の判断も早いと言われるため、急な大量売りによる値下がりなどにも注意が必要だ。ちなみに〈投信〉という項目は、投資信託に組み入れられている株式の割合。この割合が高い銘柄は、機関投資家が好きな銘柄と言える。また、〈浮動株〉割合が高い銘柄、〈特定株〉の割合が低い銘柄は、一般的に市場に出回る株数が多く流動性が高いので、売買がしやすい。

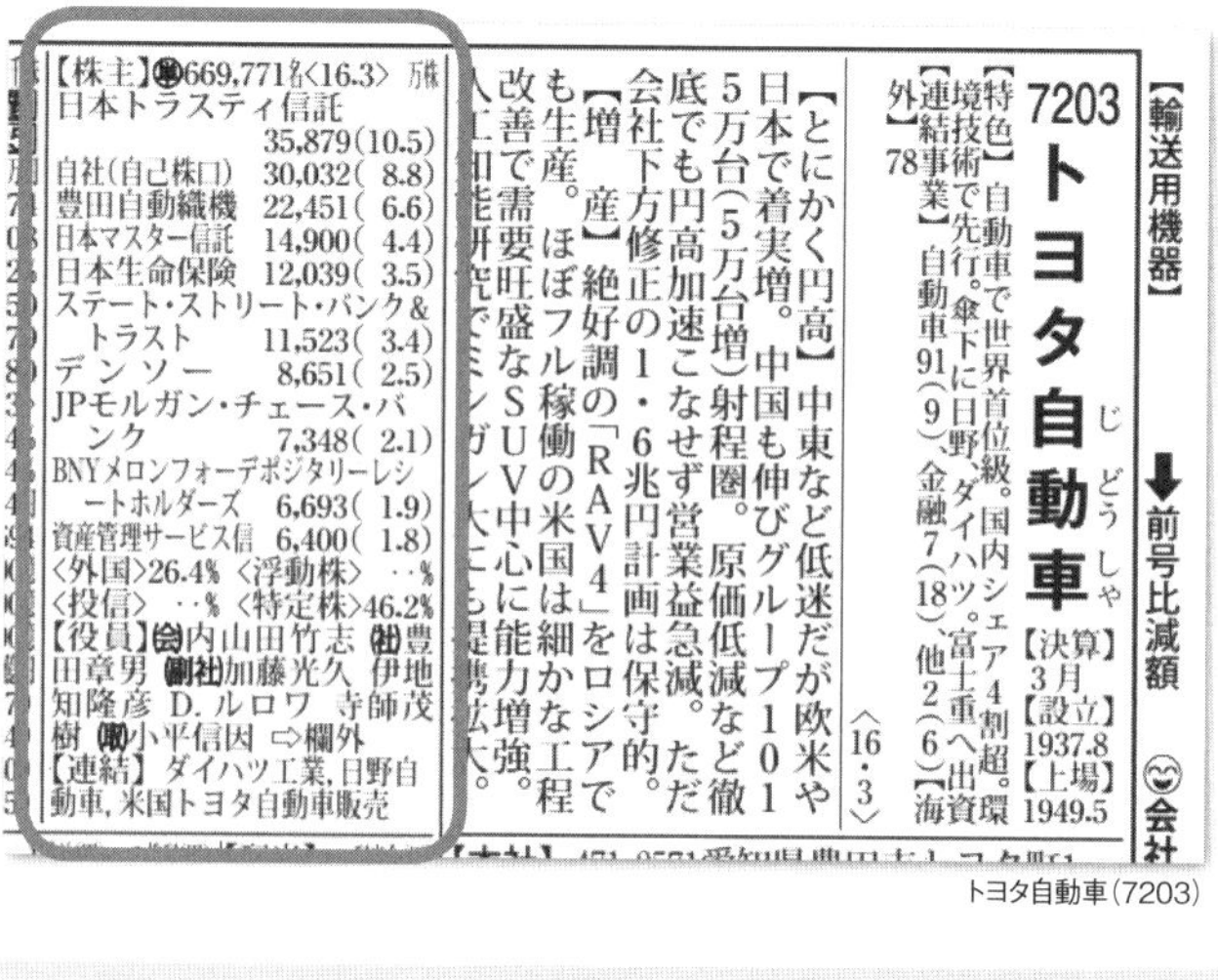

【輸送用機器】 ⬇前号比減額 😊会社

7203 トヨタ自動車《じどうしゃ》

【決算】3月 【設立】1937.8 【上場】1949.5

【特色】自動車で世界首位級。国内シェア4割超。環境技術で先行。傘下に日野、ダイハツ。富士重へ出資 【連結事業】自動車91（9）、金融7（18）、他2（6）【海外】78 〈16・3〉

【とにかく円高】中東など低迷だが欧米や日本で着実増。中国も伸びグループ1015万台（5万台増）射程圏。原価低減など徹底でも円高加速こなせず営業益急減。ただ会社下方修正の1・6兆円計画は保守的。

【増産】絶好調の「RAV4」をロシアでも生産。ほぼフル稼働の米国は細かな工程改善で需要旺盛なSUV中心に能力増強。人工知能研究でミシガン大にも提携拡大。

【株主】㊥669,771名〈16.3〉 万株

日本トラスティ信託	35,879（10.5）
自社（自己株口）	30,032（ 8.8）
豊田自動織機	22,451（ 6.6）
日本マスター信託	14,900（ 4.4）
日本生命保険	12,039（ 3.5）
ステート・ストリート・バンク&トラスト	11,523（ 3.4）
デンソー	8,651（ 2.5）
JPモルガン・チェース・バンク	7,348（ 2.1）
BNYメロンフォーデポジタリーレシートホルダーズ	6,693（ 1.9）
資産管理サービス信	6,400（ 1.8）

〈外国〉26.4% 〈浮動株〉 ‥% 〈投信〉 ‥% 〈特定株〉46.2%

【役員】㊎内山田竹志 ㊓豊田章男 ㊖加藤光久 伊地知隆彦 D.ルロワ 寺師茂樹 ㊗小平信因 ⇨欄外

【連結】ダイハツ工業，日野自動車，米国トヨタ自動車販売

トヨタ自動車（7203）

3章

『会社四季報』＆『会社四季報オンライン』でワンランク上の株式投資

億り人が伝授する『会社四季報オンライン』活用法

株式投資で資産1億円を稼いだ「億り人」たちは、『会社四季報オンライン』をどのように活用しているのか？
普段あまり聞くことのできないそのノウハウを語ってもらった。

DAIBOUCHOUさん

お宝株ゲットはスピードが決め手

■いつでもスマホから情報収集できる

銘柄選びは、過去の実績を四季報で十分吟味してから選ぶ場合と、投資仲間からの情報を瞬時に

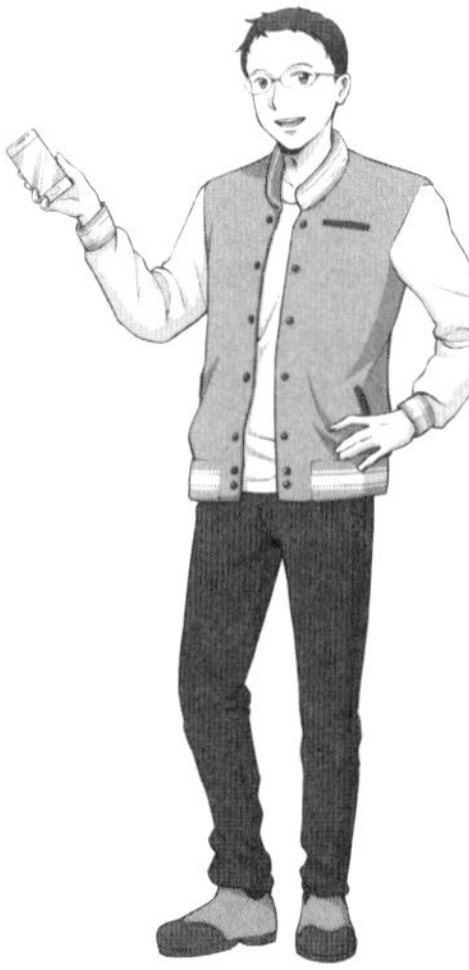

DAIBOUCHOUさん
40代。資産1億円超の「億り人」。自著『5年半で資産500倍！ DAIBOUCHOU式サイクル投資法』で紹介した成長セクターへの集中投資を武器に、200万円を5年間で500倍に「大膨張」させた。最近はFISCOのソーシャルレポーターとしても活躍中。

有料版は四半期決算の詳細がわかる

神戸物産（3038）のプレミアム企業情報にある株価チャート。2008年のリーマンショックとその後の世界同時株安の期間も、特に株価に大きな変化がないことがわかる。このように、過去にさかのぼって株価や業績数値の情報が得られるところも有料プランの特長。

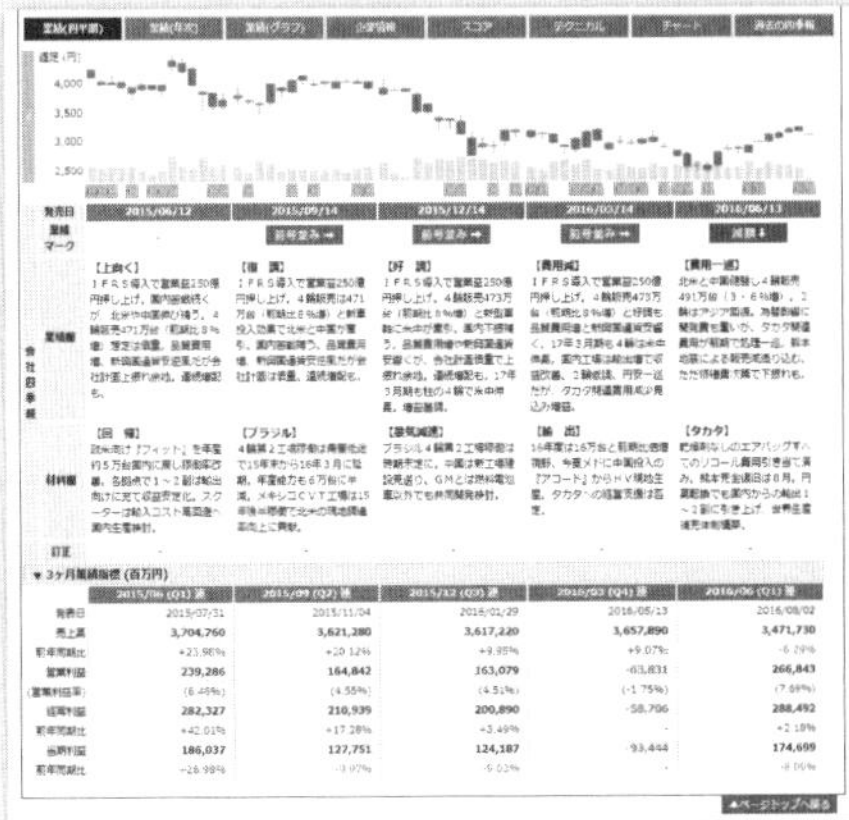

判断して選ぶ場合の二つがあります。特に最近は、スピード重視のケースが増えてきました。

その点**『会社四季報オンライン』のメリットの一つが、検索の速さ**です。例えば投資家仲間と会って話をしていて、良い銘柄の情報を仕入れたときなど、その銘柄をすぐに調べられるところなどがメリットです。以前は、雑誌の『会社四季報』を持ち歩いていましたが、今はノートパソコンやタブレット、スマホでもすぐにアクセスできます。私はスマホで見ています。証券会社のサイトだと、いちいちログインしなければならないのですが、『会社四季報オンライン』はログイン情報を登録しておけば、すぐにアクセスできるので、会話も途切れずに、盛り上がります。

■これだと思ったらすぐに買い注文!

投資仲間とワイワイと情報交換をしているときに、これだと思った銘柄があったら、私はすぐに指し値で買い注文を入れます。仲間から教えてもらった銘柄は、確かなものが多いですから、ぼやぼやしているうちに値上がりした、ということもあります。この場合はスピードが大切です。瞬時に、その銘柄の過去の業績も含めて判断し見極めなければなりません。そのためにも『会社四季報オンライン』はなくてはならないツールになっていますね。

それと、買い注文をすぐに入れる理由は、忘れないためでもあるんです。そのときの株価の5%ぐらい下での指し値にしておけば、すぐに約定することはないでしょうから、翌日、もう一度吟味して判断することができるからです。

ネットに出回る情報にしても、証券会社のサイトで『会社四季報』のデータが無料で公開されていたりしますが、『会社四季報』の業績予想のデータは四半期決算の発表後に変わったりします。

証券会社サイトでも『会社四季報』の先取り情報がありますが、『会社四季報オンライン』

の方がいち早く情報が配信されます。それが「大幅増額」など、プラスの情報なら雑誌版の『会社四季報』発売後に株価が上がる可能性は高いですからね。いち早く情報をキャッチできるところが『会社四季報オンライン』の良いところです。

■四季報の記事が四号分、一覧で読める

初心者のうちは、やはりじっくり吟味してから売買することをお勧めします。瞬時に情報を集めたとしても、それを見極めるには経験も必要ですから。じっくり吟味する、つまりいろいろと銘柄を研究するにも『会社四季報オンライン』は便利です。

例えばプレミアム会員のサービスに限定されますが、**四半期ごとに株価のチャートとそれについての記事や矢印の業績マークが、過去5期分、一覧で表示される**機能があるんです。横スクロールさせると10期分出てきます。そこを読めば、会社四季報が、その銘柄を短期的にどう評価しているかが、よくわかります。また、ニュースリリースも株価チャートに合わせて見られるようになっていますので、株価が高騰したときにどういうニュースリリースが出たのかが、すぐにわかります。

銘柄の将来を予測するには、過去の動きを研究することが大切ですので、この機能はとても役に立ちます。初めての方でも、わかりやすいと思いますよ。

■株価の予測は、過去の値動きから学ぶ

また業績の年次推移を表示させると**12年分という長期的な業績の推移がわかります**。それを分析すると、例えばリーマンショックのときに株価がどう動いたとか、円安のときにどう動いたかがわかるんです。この半年で円高が随分進みましたが、過去のデータを見れば、円高に強い銘柄かどうかはわかります。一般的に円高の場合は輸入企業が強い。代表的なのは神戸物産（3038）などの食品関連がそうです。食材の多くは海外からの輸入ですので、円高になると利益が出やすい。こういうふうに、今の環境と照らし合わせて、世界同時株安のときでも、大きくは値が下がらないとか予測できるんです。

『会社四季報オンライン』のプレミアムプランは月額5400円です。100万円の投資で年率5％強、200万円の投資で2.5％強ですので、損か得かでいうと保有資産が多くないとペイできないかもしれません。ただ、投資銘柄に対する探求心を満たすには、決して高くない金額だと思います。

■ライバル比較で指標を読み取る

個人的には、**決算短信がダイレクトに見られる**のもいい。『会社四季報オンライン』で

もリンクを貼っている決算速報サイトの「株探」というサイトがありますが、こちらの場合は広告付きの画面で、かつPDFをダウンロードしなければなりません。『会社四季報オンライン』だと、「適時開示情報」のところでシンプルに決算短信を見ることができます。ライバル比較も一覧で確認できるうえ、PERやPBR、配当利回りを比べられるのもいいですね。それぞれの指標は、業界での平均値がありますから。もちろん、ライバル銘柄もクリック一つで詳細を調べられます。

スクリーニングに関しては、私は基本的にPER、PBR、配当利回り、あとは株価が暴落しているなどを重視して絞り込みます。好きなタイプはPBRやROEが高くて、PERが低い銘柄ですね。成長しているんだけど業績が地味で、評価がされていないような銘柄です。過小評価されているかどうかは、例えば利益成長率が50%あるのにPERが25倍以下、利益成長率25%でPERが10倍以下だったら、その可能性が高いということになります。株価が2倍になってもおかしくない。細かい数字は感覚的なところが大きいのですが、自分なりの基準を持つことが大事です。

初心者は、安定していてPBRが0・5倍未満で、配当利回りが3%以上とかで、スクリーニングして、業績が悪化していない銘柄とかを調べるのがよいでしょう。

トレンドの見極めとしては、PBRが高い順にスクリーニングをすると、今どんな業種、業態の銘柄が評価されているのかがわかります。

まだまだ、『会社四季報オンライン』には便利な機能がたくさんあると思います。〝思います〟というのは、実を言うと私もいろいろ使っているうちに、こんな機能があったんだと発見することがあるのです。まだまだ、私自身すべての機能を使いこなしていないんですね。

■雑誌版『会社四季報』で、偶然お宝株を発見することもある

『会社四季報オンライン』の弱点の一つは、水回りで端末が使いにくいということです。お風呂やトイレでは、雑誌『会社四季報』が安心して読めます（笑）。

それから、自分の意志で調べたい銘柄を見るのは、もちろん『会社四季報オンライン』が適しているのですが、雑誌は自分が興味のない業界や銘柄を知るきっかけになることがあります。そもそも本の『会社四季報』は開くと、四つの銘柄が必ず出てきます。自分の知りたい銘柄の他に三つの銘柄が並んでいる。ふと目を移すと、あれっ、こんな銘柄があったのか、ってことはよくあるんです。パラパラとランダムにページをめくっているときもそうです。たまたまですけど、よくある話でもあるんです。

私の知り合いの中には、色とりどりのポストイットを貼って、雑誌を自分なりにカスタマイズしている人もいます。それはそれで、作り上げていく楽しさがあるようですね。

DUKE。さん

新高値銘柄の絞り込みに活用

DUKE。さん
個人投資家。テクノファンダメンタル派。慶應義塾大学を卒業後、東証1部上場企業に入社。2003年より株式投資を始め、2014年に累計利益1億円を突破。米国公認会計士(USCPA)の資格を持つ。今年7月に刊行された『1勝4敗でもしっかり儲ける新高値ブレイク投資術』(東洋経済新報社)が投資家の間で評判を呼んでいる。

■「新高値銘柄」の裏付けを取る

私の投資術は、近著『新高値ブレイク投資術』の中でも紹介しているように、新高値銘柄をスクリーニングで絞り込んだ後、業績を分析して、最終的に判断を下すという手法です。その手順を簡単に言うと、ポイントは次の3つです。

1 新高値ブレイクした銘柄を投資候補として注目する
2 新高値ブレイク銘柄のビッグチェンジ情報や企業情報を調べる
3 売り買いのタイミングをチャートで決める。投資対象は最大5銘柄

上昇する株を探すために個別に銘柄を分析していたら、膨大な時間がかかってしまいます。特に日中忙しいサラリーマン投資家には、そんな時間はありません。しかし、過去1、

2年の間に新高値を更新した「新高値銘柄」をスクリーニングで絞り込めば、短時間で簡単に有望銘柄を見つけることができることに気がついたのです。

新高値銘柄は保有している投資家の多くが含み益でハッピーな状態になっているため、売りたい人が減ります。そこに達するまでに、何らかの事情で売りたい人や、以前に高値で買ってしまい、ようやく値が戻ってきたから売りたいという「やれやれ売り」の投資家も一掃されています。そのため、売り圧力が小さく上値も軽くなります。

もちろん、新高値銘柄のすべてがその後も上昇し続けるわけではありませんが、業績や事業の強みなどを分析していけば、さらに上値追いをしそうな銘柄を見つけることができます。

これまでなかなか抜けなかった新高値を更新したということは、業績予想の修正や、新製品、新業態、新技術の開発、経営陣の交代、M&Aなど、その企業に大きな変化が起きていて、その**「ビッグチェンジ」を先取りする形で株価が上昇している可能性が高い**と考えられます。

この手法なら基本的な作業は30分もあればできます。日中に仕事をしている兼業投資家に向いている投資術だと思います。

新高値銘柄の候補を見つけるには、ウェブサイトのスクリーニング機能を使うと便利です。『会社四季報オンライン』でもできますが、私は昔から使い慣れた「株探」などのサイトを使っています。

そこであるていど新高値銘柄を絞り込んだら、その会社に「ビッグチェンジ」となりそうな変化がないかを見に行きます。この辺の作業からは『会社四季報オンライン』を本格的に活用していきます。

■「サプライズ」だけではない「何か」を見出す

『会社四季報オンライン』ではまず、四季報独自の業績予想を見て、四季報編集部の記者がその予想をどういう理由で出しているかという点を確認します。

特に『会社四季報オンライン』では、雑誌版では追いきれない最新の業績予想の変更情報がアップロードされているので、この修正業績予想はまずチェックします。

また、私は銘柄選択を行うときは、パソコンを2台並べて、一方の画面では『会社四季報オンライン』で気になる銘柄のファンダメンタルを確認し、もう一つの画面でチャートを見るといったことをよくやっています。

直近のチャートで値動きを見ていると、急に株価が値上がりしている銘柄の中には、『会社四季報オンライン』の業績予想の修正によって上がっているものも多くあります。

修正業績予想も「オンライン」ならでは

ヤーマン(6630)の株価の推移を『会社四季報オンライン』有料プランの高機能チャートで見たもの。業績予想の上方修正を発表した8月16日から株価が急上昇していることがわかるが、その後も株価は新高値を更新し続けている。

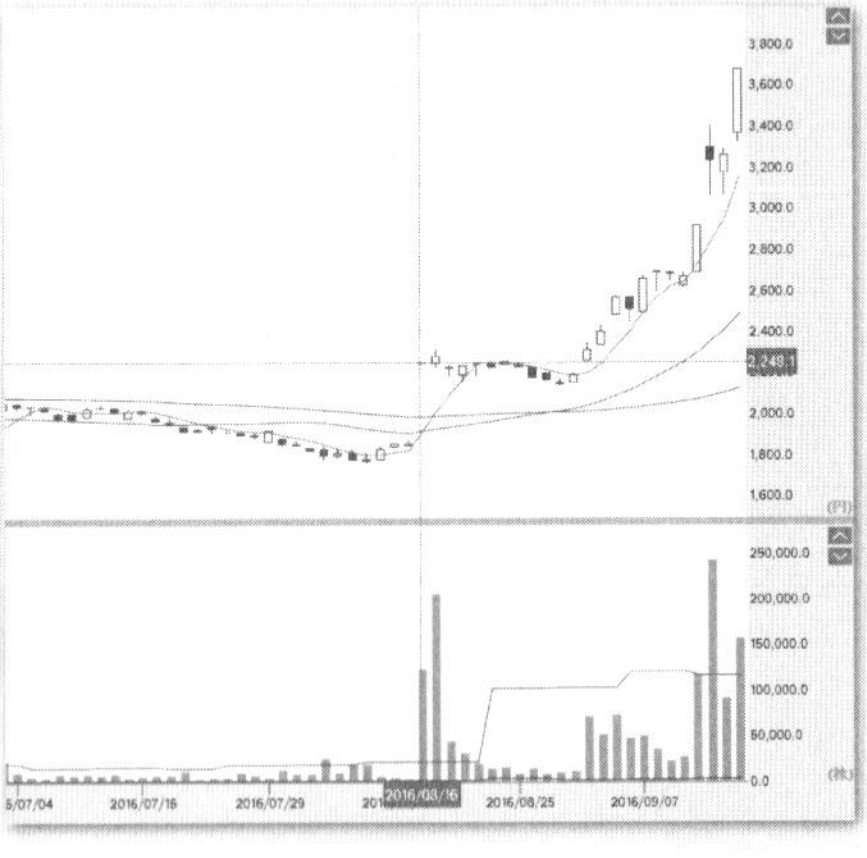

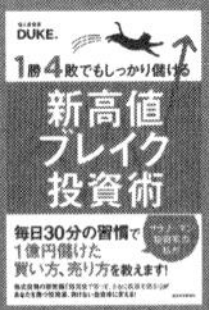

こうした「新高値銘柄」の見つけ方は、『1勝4敗でもしっかり儲ける新高値ブレイク投資術』（東洋経済新報社）でも紹介しています。

最近の例でいうと、家庭用美容や健康機器のメーカーでヤーマン（６６３０）のような銘柄がそうです。８月16日、午前９時30分時点で、前日比４００円（21・６％）高の２２５１円と値幅制限の上限でストップ高買い気配となりました。前日の大引け後に今２０１７年４月期中間期、通期業績予想の上方修正を発表しており、これが刺激材料になったようです。

ヤーマンは２０１６年に入って何度か新高値を更新していますが、会社の業績予想が修正され、さらに『会社四季報オンライン』の業績予想が修正され、それによって株価が値上がりして、という循環を繰り返したところがあったようです。

私はこうした**「新高値ブレイク銘柄」**を

見つけたら、背景に何があったのかということを常に追及するので、それを確認するために『会社四季報オンライン』を見るようにしています。するとヤーマンの場合、8月に銀座に直営店をオープンしたということや、セグメントでは直販部門や美容機器、化粧品が上期に拡大したことなどが書いてあります。これらの情報を自分なりに、成長性、継続性という観点から検討しています。

そのほか、私は個人投資家なので、業種としてはサービスや小売、不動産など、身近でわかりやすい業種の中から新高値銘柄を選び、『会社四季報オンライン』でその会社がどんな会社か、最近どういった動きをしているのかを見ていきます。

例えば四季報ページの中では、まずオーソドックスに【会社プロフィール】から見ていきますし、【増額】【積極展開】などの見出しにも目を留めます。そのうえで、将来性を判断する上では他社にはない「オンリーワン製品」はあるか、その販売数量は伸びているか、そして会社の来期予想、中期経営計画などは必ずチェックします。

■アーカイブで業績の安定性と成長性を確認

新高値銘柄の中から、今後も上値追いをしそうな銘柄を見つけるうえでは、業績の安定性も重要です。

安定性を測る目安は、まず**過去3～5年程度の利益成長が安定的かどうか**。ここでいう「利益」とは経常利益のことです。経常利益を重視する理由は、税効果の影響や、一度きりの特別損益の影響を排除して、会社の実質的な実力を見るためです。おおむね年率で5～10％を維持しており、途中で大幅減益がないかといったところに着目します。

次に、その会社の成長性を見ます。**成長株であれば、直近1～2年の経常利益が30％以上伸びており、その成長が持続できる会社**でなければなりません。ちなみに近著の中では「30％以上」ではハードルが高いので、「20％以上」伸びている会社を推奨しています。

さらに業績を見るうえで一番重要なポイントは、**直近2～3四半期の経常利益の前年同期比が20％以上、売上高が10％以上伸びているか**という点です。

『会社四季報オンライン』の有料プランでは、「四季報アーカイブ」というコンテンツで『会社四季報』のバックナンバーが見られますので、こうした過去のデータも容易に確認できます。

■「ビッグチェンジ」は、すかさず検索

このほか、私の場合、新高値銘柄を見つけていく際に、会社の「ビッグチェンジ」を見ていくという投資手法をとっているので、会社の大きな変化となりそうなトピックを探す

「バラスト水」で四季報検索した結果一覧

「バラスト水」で検索すると、タクミナ(6322)と三浦工業(6005)の2社がヒット。共にバラスト水処理装置を製造しており、特にタクミナはバラスト水管理条約が批准されたのちに、株価が大きく上昇している。同社の記事内容にも「管理条約追い風に」と記されている。

No.	コード	社名	検索結果
1	6005	三浦工業	【小幅増益】海外は円高で目減り。国内の高効率ボイラーは出足やや鈍いが受注堅調。収益源のメンテ着実。育成中の**バラスト水**処理装置も実績積み上げる。人件費等重いが営業増益。営業外に為替差損。増配。 【バラスト】今治造船グループ建造の大型コンテナ船向けなど今期40億円（前期12億円）目標。就航船での搭載実験も。来期ＩＦＲＳ導入に向け連結範囲など一部見直し。
2	6322	タクミナ	【最高益圏】船舶の**バラスト水**管理条約追い風に、同処理装置向けポンプのフル生産続く。高性能ポンプは化学向け好調、電子材料向けは東南アジア、韓国が伸び底堅い。計測機器も増える。研究開発用は商品拡充が奏功、滑り出し良好。最高純益圏。 【下水道】７月に新ポンプ発売し下水処理場向け本格参入。**バラスト水**処理装置用は条約発効後の拡大余地大きく増産対応へ。

1 ページ中 1 ページ目 20 ▾ 2 件中 1 - 2 を表示

のに『会社四季報オンライン』の検索機能を使っています。

最近の例でいうと、貨物船などが空荷で航行する際に、船の重しとしてバランスをとるために積み込まれる「バラスト水」が話題となりました。バラスト水は、貨物を積み込む段階で海に排出されますが、これが環境に悪影響を及ぼすということで、その排出の際の規制と管理を定めた管理条約が批准されました。批准されたのは2016年9月で、1年後の2017年9月に発効することが決まったのです。

このニュースが流れたときに、『会社四季報オンライン』の検索機能を使って「バラスト水」に関連する会社を検索してみたところ、タクミナ（6322）という銘柄にヒットし、案の定、同社の株価は条約批准後に急騰していました。

このように、**巷で話題になっていたり、これから話題になりそうだったりする出来事を検索するだけでも、簡単にビッグチェンジ銘柄は探せます**。この方法なら、初心者の方でも気軽に銘柄探しができるのではないでしょうか。

■オリジナル情報にも注目

このほか、『会社四季報オンライン』ならではの情報にも注目しています。

私の場合、銘柄を選ぶ際には、必ず中期経営計画を見ます。中期経営計画は、これから会社が目指す方向性や、力を入れている分野を端的に表しているからです。また、年間経常利益の増益率30％以上を継続できるかどうかを見極めるうえでも、中期経営計画の内容は非常に重要です。そこで『会社四季報オンライン』の材料記事に「中期経営計画」という文字があったときは、必ず目を通すようにしています。

また、私はＩＰＯ銘柄が好きなので、『会社四季報オンライン』の中にある「ＩＰＯ」というカテゴリーにある記事は必ず見るようにしています。

ＩＰＯ銘柄は設立からまだ年月が浅く、時価総額の小さい会社も多いですが、成長途上の段階で、今後ライバル社のシェアを食って伸びていくポテンシャルを持った会社が数多くあります。

もちろん、成長できずに失速してしまう会社もあります。しかもＩＰＯ銘柄に関しては開示されている情報も少ないので、買う際には非常に慎重になってしまいます。その点、『会社四季報オンライン』のこのコンテンツはＩＰＯ銘柄の情報収集に役立っています。

それからトップページの右側にある「記事アクセスランキング」にも時々目を通すようにしています。アクセスが多いということは、『会社四季報オンライン』のユーザーの多くが読んでいるということですから、投資家の関心が今どんなところにあるのかということがわかります。そして気に入った記事や個人投資家に役立ちそうな情報があればこれはツイートなどで流したりもしています。

このように列挙してみると、知らず知らずのうちに『会社四季報オンライン』のヘビーユーザーになっていたことに改めて気がつきます。まだまだ知らない機能もありますので、これから使いこなして役立てていきたいですね。

『会社四季報オンライン』を使いこなすために知っておきたい経済指標

■業績欄にある売上高と4つの利益

『会社四季報』および『会社四季報オンライン』の四季報ページにある【業績】欄には、過去5年間の会社の業績が掲載されている。

業績の基本の数字となるのは売上高。最終的には、会社がいくら儲けたかを示す利益が重要になるが、まず売上が上がらなければ、利益も上がらない。成長企業は、まず売上を急速に伸ばしている。

利益は「営業利益」「経常利益」「純利益（決算書では「当期純利益」）」の3つ。**『会社四季報』では本業の儲けを示す営業利益がよく使われ**、記事欄の業績記事も、主に営業利益に関する内容が説明されている。

■利益の中身はどうなっているか

それぞれの利益について少し説明しておこう。

まず営業利益は、売上高から売上原価を引いた売上総利益（粗利益）からさらに販売費・一般管理費を引いて算出される。一方、粗利益は製品や商品の販売だけでどれだけの儲けがあったかを示す。

ここで気をつけたい点もある。例えば期初の在庫より期末の在庫を増やすと粗利益が多くなったように見えるので、その在庫が本当に将来売れるものかどうかをチェックする必要がある。

経常利益は、金融機関からの借り入れに対する支払利息や、為替の影響が含まれてしまうこともある。借金の多い会社は金利が上がると利払い金利が上昇して金融費用が膨らむこともある。そのため、せっかく営業利益が伸びても、経常利益が伸び悩むということもある。経常利益では本業の業績がわかりにくいということもあって、これをあまり重視しない投資家もいるが、投資対象の会社が関わるグループ全体の利益を示しているという意味では、チェックしておくに越したことはない。

粗利益から販売費・一般管理費を引いたものが営業利益となる。販売費には広告宣伝費

経営指標はここに反映されている

【業績】欄には、決算書の「損益計算書」にあたる内容のうち、売上高と4つの利益の推移と予想数値が示されている。注目は『会社四季報（オンライン）』独自の「2期予想」で、これが会社の予想より強気か弱気かという点が株価にも影響する。

【業績】(百万円)	売上高 ❶	営業利益 ❷	税前利益 ❸	純利益 ❹	1株益(円)	1株配(円)
❺ ○14. 3	25,691,911	2,292,112	2,441,080	1,823,119	575.3	165
❺ ○15. 3	27,234,521	2,750,564	2,892,828	2,173,338	688.0	200
❺ ○16. 3	28,403,118	2,853,971	2,983,381	2,312,694	741.4	210
❻ ○17. 3予	26,500,000	1,680,000	1,850,000	1,510,000	489.7	150~200
❻ ○18. 3予	27,500,000	1,950,000	2,150,000	1,700,000	551.4	165~220
❼ 中15. 9	14,091,488	1,583,405	1,675,151	1,258,112	399.4	100
❼ 中16. 9予	13,000,000	1,000,000	1,100,000	750,000	243.2	75~100
❼ 四15. 4-6	6,987,648	756,001	845,259	646,394	205.4	
❼ 四16. 4-6	6,589,113	642,230	677,056	552,465	181.1	
❽ 会17. 3予	26,000,000	1,600,000	1,780,000	1,450,000	(16.8.4発表)	

トヨタ自動車（7203）

や販売促進費、営業部門の人件費などが含まれる。これらを削ると売り上げそのものが伸び悩むことになりかねないので、粗利益と営業利益の差は必ずしも問題にはならない。

また、株主にとっては「純利益」も重要な項目だ。毎年の最終利益の積み重ねは、株主の財産である自己資本を増やす。また、将来の投資の源泉や、株主に還元される配当などの原資にもなるからだ。

最後に、「純利益」の次に来る「1株益」は純利益を期中の平均株式数で割ったもので、1株当たりの利益額を、同様に「1株配」は1株当たりの配当額を示している。割安株を探す際に重要な指標となるPERやPBR（62ページ参照）は、この「1株益」

経営指標の意味

■利益の構成

❶売上高	❷営業利益	❸経常(税前)利益	❹純利益
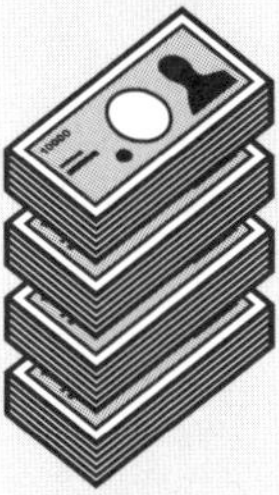			
売上が順調に伸びている会社は成長している証拠。業種により営業収入(収益)など、表現が異なる。	売上高から売上原価(原材料費など)、販売費・一般管理費などを差し引き、その会社が本業で得た利益。	本業以外の損益も含めた利益。国際基準のIFRS方式など、採用している会計基準によって「税前利益」とも表記。	経常利益から特別利益(損失)や法人税などを差し引いて最終的に会社に残った利益。配当の原資ともなる。

■業績数値の見方

❺ 業績の推移	号によって異なるが、3〜5年分の過去の業績が示されている。その会社が増収・増益にあるか、その逆かがわかる。
❻ 独自予想(2期分)	『会社四季報』オリジナルの2期予想。今期の予想については会社予想との比較もできる。
❼ 第1四半期や中間期の実績と予想	第1四半期決算の実績、および第2四半期決算(中間決算)の実績と予想の数値が示されている。期中の変化がわかる。
❽ 会社予想	今期の決算を会社が予想した数値。数行上の『会社四季報』の予想と比較して、『会社四季報』が強気か弱気かがわかる。

を使って算出するので、純利益は株価にも影響する。ちなみに、最終利益が多くても、分母になる発行済株式数が多ければ1株利益は当然少なくなる。

■『会社四季報オンライン』で、業績の最新情報を見ておくと「吉」

業績欄の左端にある数字は決算期を示しており、17・3と書いてある場合は2017年3月決算ということになる。

その決算期の右に「予」がついている行は、『四季報』編集部の予想を示しており、今期と来期の2期の予想が示されている。また、同じく決算期の右に「予」がついていて、さらに決算期の左に「会」がついた行は、その会社が発表した予想を示している。

狙い目は、会社の予想数字を『会社四季報』の予想数字が上回っているケースだ。こうした会社は『会社四季報』の発売後に利益予想を上方修正することが多く、株価の上昇要因になる。つまり、これから株価が上昇する銘柄を探す端的なヒントになるというわけだ。

もっとも、雑誌版の『会社四季報』では、発売日が年4回（季刊）だ。その間に企業経営に変化があって業績予想が修正されても、次の号が発売されるまでに3カ月のタイムラグがあり、すぐにはその変化に対応できない。そのタイムラグを補っているのが『会社四季報オンライン』だ。

『四季報オンライン』では、業績予想に変更があった場合、その変更後の最新の情報を入手できる。 四季報ページの業績欄の下には、『会社四季報』発売後に更新された最新データが表示される。現在発売されている『会社四季報』で掲載された業績予想に修正があった場合は、どのくらいの修正があったかも比較できる。もし業績が上方修正されていたら、株価が上昇する要因となるため、次号の発売前にその株式を購入しておけば、大きな利益を得る可能性が高まる。

また、『会社四季報オンライン』では、「今週の業績予想更新銘柄」のような形で、四季報業績予想の上方修正・下方修正銘柄リストが配信される。リストの一覧表には、修正率も掲載しているので、大幅に上方修正が行われた会社など、株価が値上がりする可能性の高い銘柄も簡単に見つけられる。

リストに掲載された銘柄の情報は、個別の企業情報を解説した四季報ページにも詳しく掲載されるので、業績予想が修正された背景も知ることができる。さらに『会社四季報オンライン』のスクリーニング機能などを利用する場合でも、常に修正された最新のデータで検索できる。

「スクリーニング」を徹底活用する

■スクリーニングは難しくない！

『会社四季報オンライン』で実際にスクリーニングする場合、どういった手順で行ったらよいのか。

「『会社四季報』はあまり読んだことがないし、会計用語などもあまりわからないので、使いこなすのは難しそうだ」と思っている人も少なくないのではないだろうか。

そこで、ここでは図解入りで、誰にでもできるスクリーニングの方法を紹介する。

まず、20万円の資金で株式投資を始めたばかりの初心者が〝ある銘柄〟を探す場面を想定し、説明を始めていく。その銘柄とは「ソニーもソフトバンクグループも昔は小さな会社だった。今は小さくても、将来大化けする可能性のある若い会社を見つけたい」というもの。さて、どうしたらそんな候補が見つかるだろうか。

『会社四季報オンライン』サイトのスクリーニングの流れは以下のとおりだ。

1 スクリーニングに使う項目を選び、検索条件に加える
2 検索条件に加えたスクリーニング項目の条件値を指定する
3 結果表示する銘柄の上場市場や業種などを指定する
4 結果表示時に、銘柄を並べる項目と並び順（大きい順か小さい順か）を指定する

この流れに沿って、実際に投資方針に沿ったスクリーニングを行ってみたい。

■STEP1 スクリーニングに使う項目を選び、検索条件に加える

『会社四季報オンライン』のスクリーニング画面は、画面左に検索条件を設定するメニューがあり、右に検索結果が表示される（図1）。

まずはメニューにある「検索条件の追加」をクリックして、スクリーニングをスタートしよう（図2）。

「検索条件の追加」をクリックすると、メニューから「検索条件の追加」が消え、検索結果の上に、2つ画面が重なって表示される。左の「株価」～「企業情報」はスクリーニング項目をカテゴライズしたもので、右はそのカテゴリーに分類されているスクリーニング項目だ（図3）。

右に表示されたスクリーニング項目をクリックすると、検索条件に追加できる。また、カテゴリーをクリックして切り替えると、スクリーニング項目もそのカテゴリーに分類されているものに切り替わる。

これから「20万円以下で買える『今は小さくても、将来大化けする若い会社』を探すスクリーニング」を作成するが、まずは「投資資金20万円で買える銘柄」という条件を作っていきたい。「株価」に分類されている「最低購入額（円）」をクリックして、検索条件に項目を追加しよう（図4）。

最低投資金額とは文字どおり、その銘柄を購入するのに最低限必要な金額のこと。通常、株は1株では買えず、銘柄によって異なるが100株か1000株のまとまり（＝売買単位）でなければ買えない。最低購入額は株価に売買単位をかけたものとなる。たとえば、トヨタ自動車の場合、売買単位は100株で、2016年10月7日の株価（終値）は6006円なので、100株×6006円＝60万6000円が最低購入額となる。

■STEP2 スクリーニング項目の条件値を指定する

条件は「20万円で買える銘柄」だった。次は検索条件に加えたスクリーニング項目の条件値を指定していく。STEP1で検索条件に追加した「最低購入額（円）」の最大値

1 スクリーニング画面の構成

2 メニューの中にある「検索条件の追加」からスタート

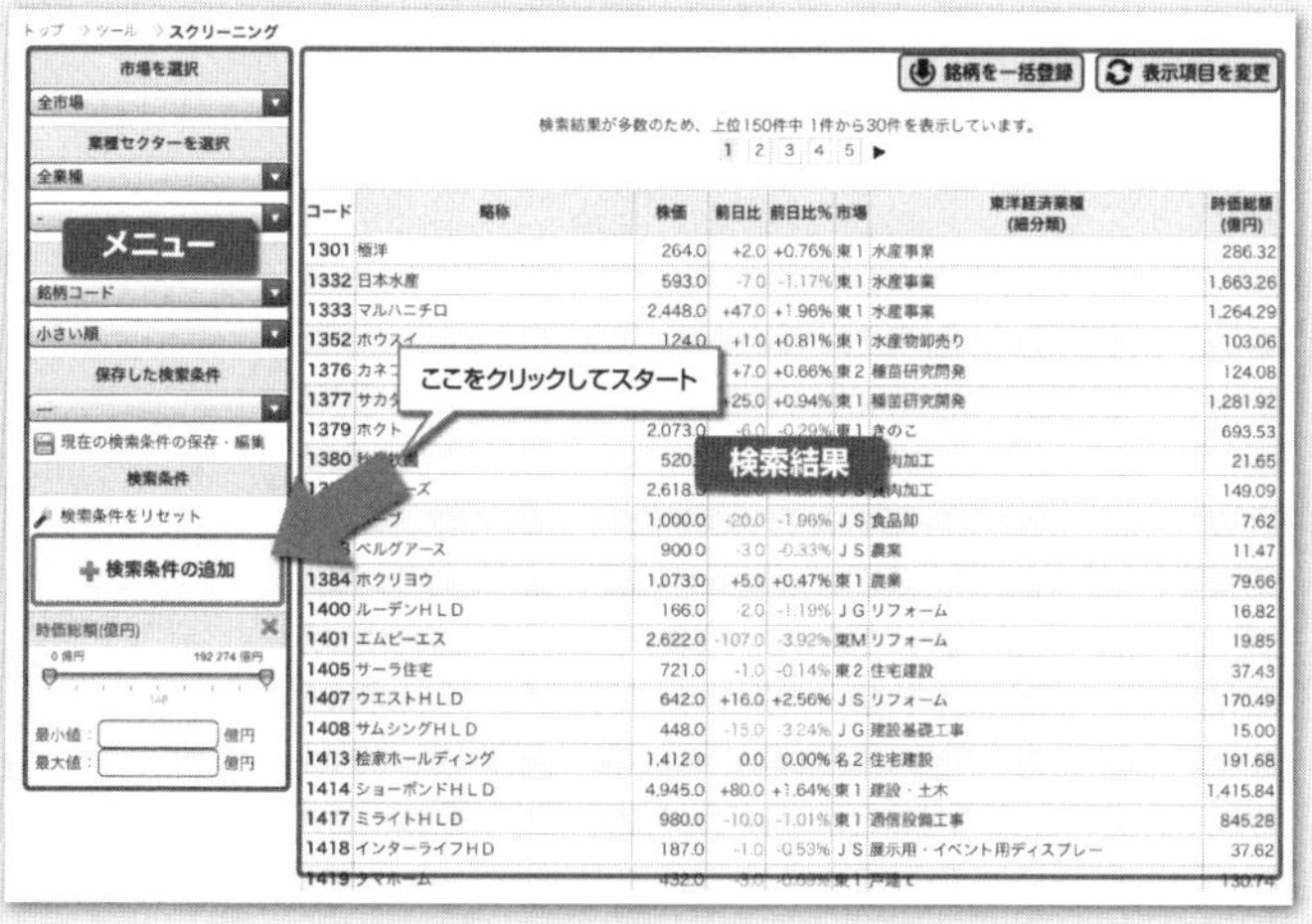

3 14カテゴリーに分類されたスクリーニング項目が表示される

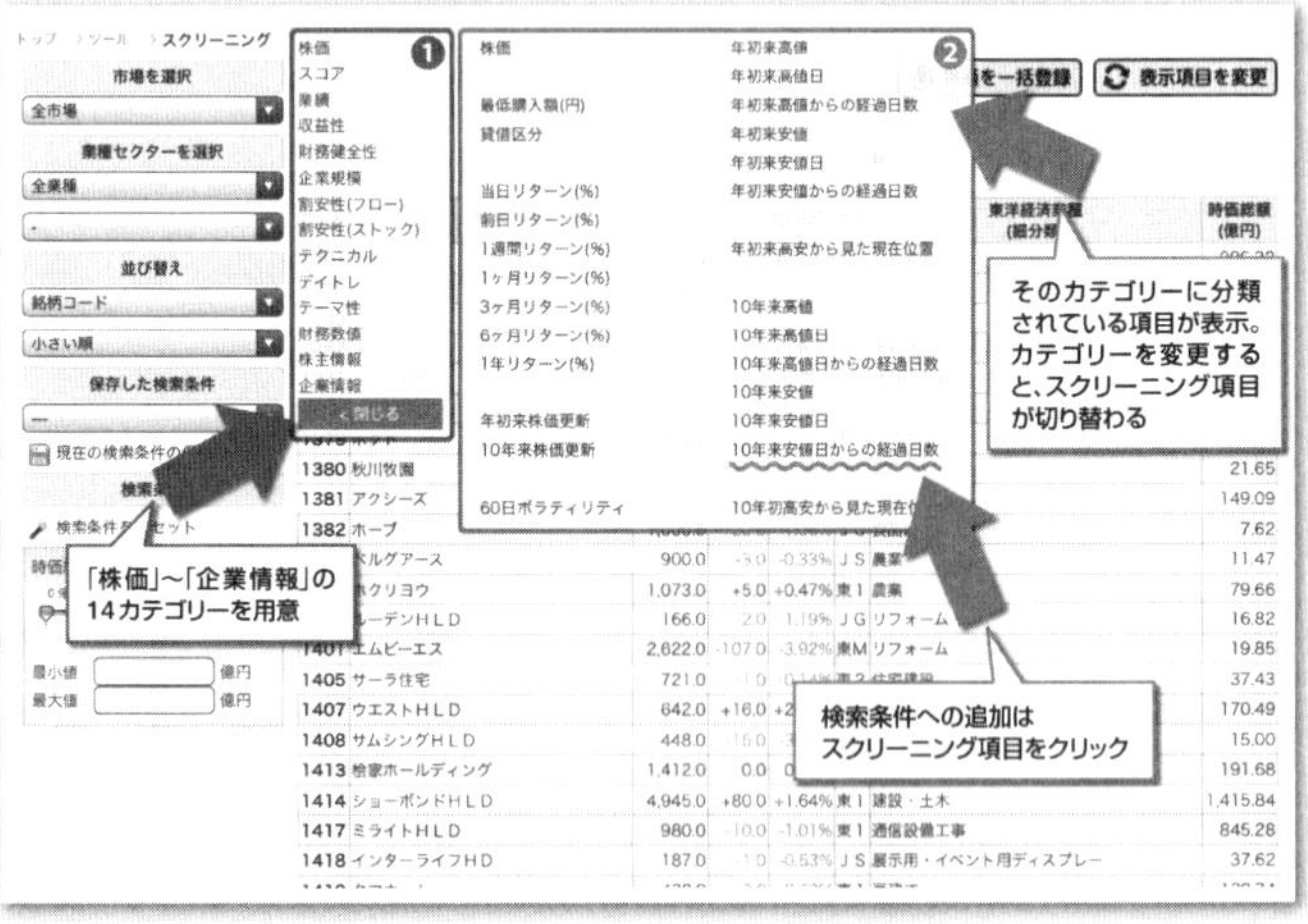

4 「最低購入額(円)」は「株価」カテゴリーにある

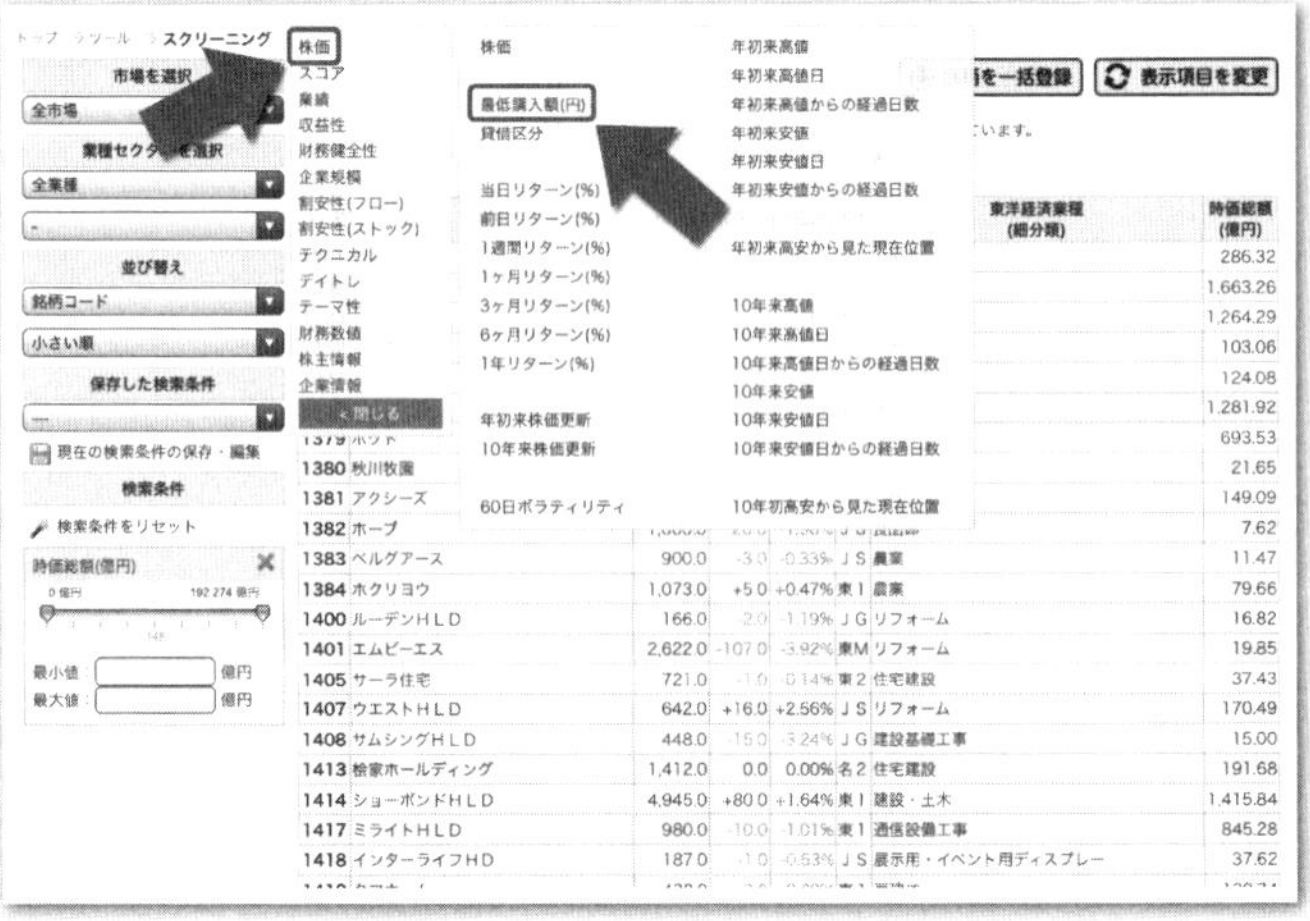

5 検索条件に追加された「最低購入額（円）」の最大値に「20」を入力

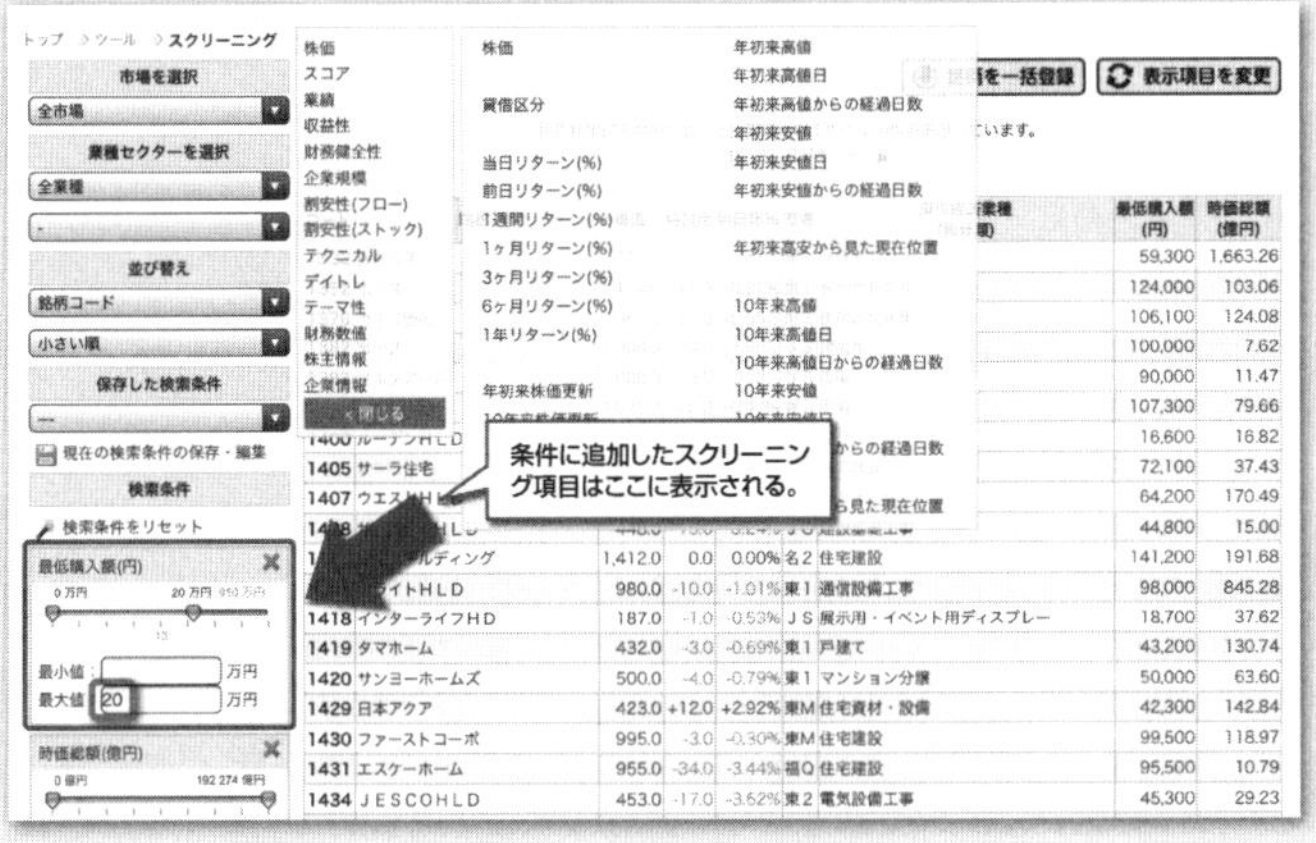

に「20」を入力する。これは「20万円までだったらいくらでもいいよ」という意味だ。入力すると右の検索結果画面が自動的に再表示される。

項目内にあるスライダーを左右に動かしても最小値・最大値は設定できる（図5）。

検索条件を追加する手順をおさらいすると、「検索条件の追加」→「株価」の「最低購入額（円）」をクリック→「最低購入額（円）」の最大値に「20」を入力――となる。

次に「今は小さくても、将来大化けする」銘柄を探すにはどうしたらよいのだろうか。考え方はいろいろあるが、ここでは毎年2ケタで成長している会社をイメージして、「売上高と営業利益がともに2年連続で10％以上増えている」という条件を追加してみた。

「10％程度で大化けか、それでは記事と条件が違う」と思うかもしれないが、これには理由がある。スクリーニングは「除外」ではなく、「発見」が狙いだ。最初は少し緩めの基準で多めに銘柄を選んでおき、そこからさらに数値を強くしてみる、あるいは他の基準でふるいにかけてみる、といった形で徐々に絞り込んでいくのが銘柄探しの王道だからだ。

以下は追加する項目と設定手順だ。「最低購入額（円）」と同じ要領で検索条件に加えていく。

1「業績」の「売上高変化率（今期）（％）」をクリック→「売上高変化率（今期）（％）」の最小値に「10」を入力

2「業績」の「売上高変化率（来期）（％）」をクリック→「売上高変化率（来期）（％）」の最小値に「10」を入力

3「業績」の「営業利益変化率（今期）（％）」をクリック→「営業利益変化率（今期）（％）」の最小値に「10」を入力

4「業績」の「営業利益変化率（来期）（％）」をクリック→「営業利益変化率（来期）（％）」の最小値に「10」を入力

ここまで設定したら「閉じる」をクリックして、スクリーニング項目を閉じておこう（図6）。

6 検索条件設定完了後の状態

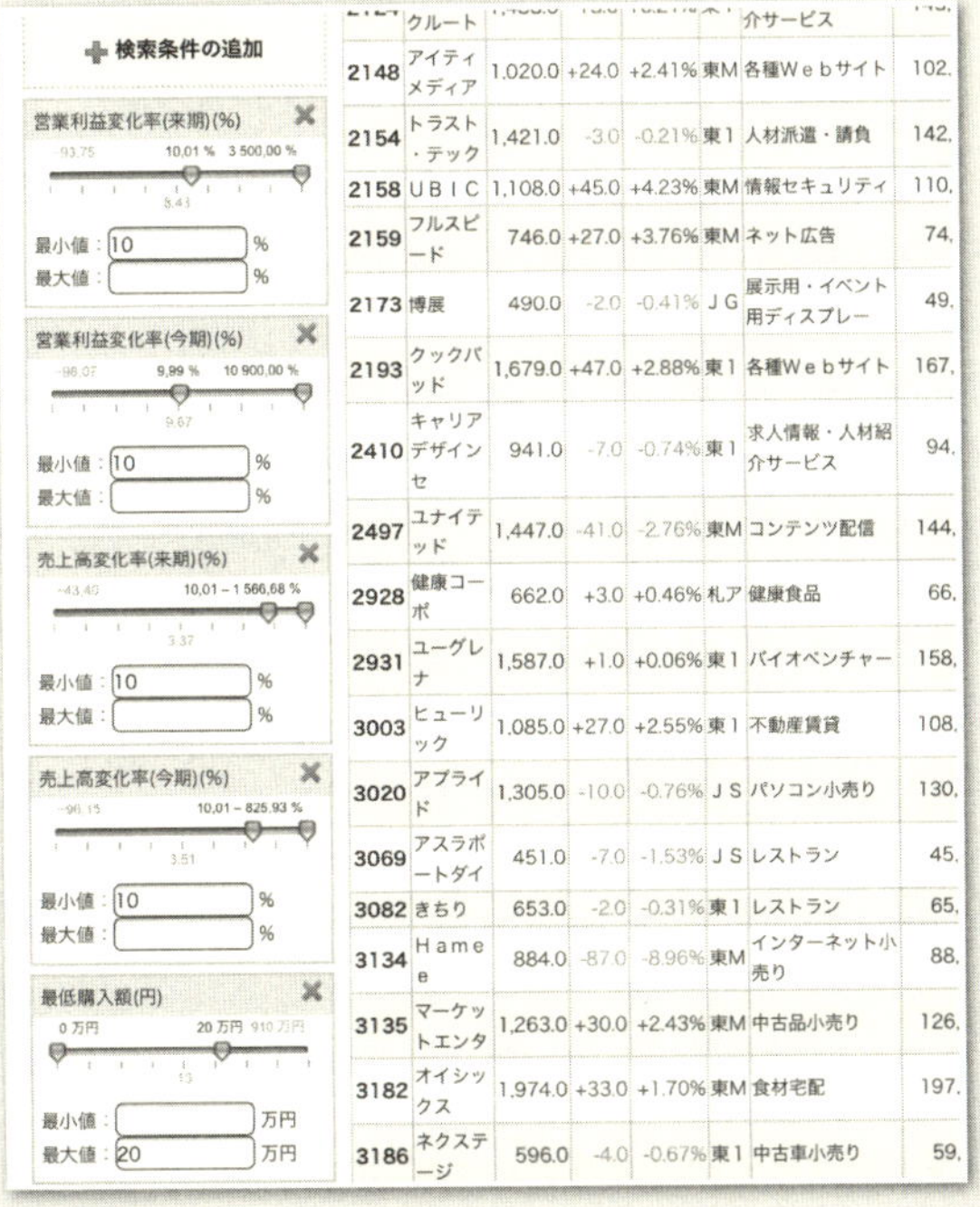
検索条件の追加
営業利益変化率(来期)(%)
最小値：10 %
最大値： %
営業利益変化率(今期)(%)
最小値：10 %
最大値： %
売上高変化率(来期)(%)
最小値：10 %
最大値： %
売上高変化率(今期)(%)
最小値：10 %
最大値： %
最低購入額(円)
最小値： 万円
最大値：20 万円

	クルート					介サービス	
2148	アイティメディア	1,020.0	+24.0	+2.41%	東M	各種Ｗｅｂサイト	102,
2154	トラスト・テック	1,421.0	-3.0	-0.21%	東1	人材派遣・請負	142,
2158	ＵＢＩＣ	1,108.0	+45.0	+4.23%	東M	情報セキュリティ	110,
2159	フルスピード	746.0	+27.0	+3.76%	東M	ネット広告	74,
2173	博展	490.0	-2.0	-0.41%	ＪＧ	展示用・イベント用ディスプレー	49,
2193	クックパッド	1,679.0	+47.0	+2.88%	東1	各種Ｗｅｂサイト	167,
2410	キャリアデザインセ	941.0	-7.0	-0.74%	東1	求人情報・人材紹介サービス	94,
2497	ユナイテッド	1,447.0	-41.0	-2.76%	東M	コンテンツ配信	144,
2928	健康コーポ	662.0	+3.0	+0.46%	札ア	健康食品	66,
2931	ユーグレナ	1,587.0	+1.0	+0.06%	東1	バイオベンチャー	158,
3003	ヒューリック	1,085.0	+27.0	+2.55%	東1	不動産賃貸	108,
3020	アプライド	1,305.0	-10.0	-0.76%	ＪＳ	パソコン小売り	130,
3069	アスラポートダイ	451.0	-7.0	-1.53%	ＪＳ	レストラン	45,
3082	きちり	653.0	-2.0	-0.31%	東1	レストラン	65,
3134	Ｈａｍｅｅ	884.0	-87.0	-8.96%	東M	インターネット小売り	88,
3135	マーケットエンタ	1,263.0	+30.0	+2.43%	東M	中古品小売り	126,
3182	オイシックス	1,974.0	+33.0	+1.70%	東M	食材宅配	197,
3186	ネクステージ	596.0	-4.0	-0.67%	東1	中古車小売り	59,

7 今期・来期とは？

キヤノン(7751)

時価総額順位 1/22社
【比較会社】 4901 富士フHD, 7731 ニコン, 7752 リコー

投資CF ▲4,536(▲2,692)
財務CF ▲2,102(▲3,008)
現金同等物 6,336(8,445)

野和人 ⇒欄外
【連結】 キヤノンマーケティングジャパン, キヤノン電子

【業績】(百万円)	売上高	営業利益	税前利益	純利益	1株益(円)	1株配(円)	【配当】	配当金(円)
◎11.12	3,557,433	378,071	374,524	248,630	204.5	120	13.12	65
◎12.12	3,479,788	[illegible]	342,557	224,564	191.3	130記	14. 6	65
◎13.12	3,731,380	[illegible]	347,604	230,483	200.8	130	14.12	85
◎14.12	3,727,252	[illegible]	383,239	254,797	229.0	150	15. 6	75
◎15.12	3,800,271	355,210	347,438	220,209	201.7	150	15.12	75
◎16.12予	3,850,000	360,000	360,000	230,000	210.6	150~160	16. 6予	75~80
◎17.12予	3,900,000	365,000	365,000	233,000	213.4	150~160	16.12予	75~80
中15. 6	1,831,851	170,909	164,516	102,125	93.5	75	予想配当利回り	4.59%
中16. 6予	1,850,000	175,000	175,000	110,000	100.7	75~80	1株純資産(円)<◎15.12>	
会16.12予	3,850,000	360,000	360,000	230,000	(16.1.27発表)		2,716	(2,728)

1本目（今期）

2本目（来期）

■変化率と今期・来期とは？

「変化率」とは「増加率」のこと。「売上高変化率」は「増収率」、「営業利益変化率」は「営業増益率」を意味している。その次にある「今期」「来期」は、「今期」は四季報業績欄に太字で書かれた1本目の業績予想の決算期を指す。

たとえば、2016年2集のキヤノン（7751）の場合、「売上高変化率（今期）（％）」は、1本目の業績予想（2016年12月期）の売上高3兆8500億円と前期（2015年12月期）の売上高3兆8002億円とを比べた増収率で、値は「1・3％」になる。「来期」は2本目（2017年12月期）と1本目（2016年12月期）を比べた増収率だ（図7）。

気をつけたいのは、決算を締めてから発表されるまでの期間にスクリーニングする場合だ。3月期決算会社の場合、3月末に決算を締めるが、発表するのは4月下旬から5月中旬になる。このタイムラグの期間にスクリーニングすると、2016年3月期決算はすでに締められているので正確にはすでに〝前期〟なのだが、スクリーニングする場合には決算が発表されるまでは「今期」として扱い、決算が発表されて初めて「今期」は2017年3月期に1年進む。3月期決算以外の場合も同様に、決算期末から1カ月半程度は注意が必要だ。

なお、スクリーニングに利用できる項目は『会社四季報オンライン』の「用語集」に一覧がある。簡単な説明やその項目がどのプランから利用できるかも説明しているので、一度目を通しておくとよいだろう。

■STEP3 結果表示する銘柄の上場市場や業種などを指定する

次は「若い会社」の見つけ方だ。株式市場には「若い会社」が多く集まる「新興市場」がある。その代表が「東証マザーズ」と「JASDAQ（ジャスダック）」だ。

「東証1部」市場というのは、上場企業にとって最後に目指すべき頂点といってよい存在。イメージ的にはマザーズは赤字でも上場できる「やんちゃ坊主」の集団、東証1部は安定感のある「大人の市場」といったところか。それぞれが特色ある市場となっているので、「若い会社」に絞り込むなら上場している市場を使うのが手っ取り早い。

メニューの最上部にある「市場を選択」部分はページを開いた際には「全市場」になっているが、これを「東証マザーズ」に変更すると、検索結果に表示される銘柄が東証マザーズ市場に上場している銘柄のみに絞り込まれる（図8）。

■STEP4 結果表示時に、銘柄を並べる項目と並び順を指定する

STEP3まで進んだ段階で、銘柄数は3600社から28社に絞り込まれた。チェック

しやすいように表示順序を変更しておこう。

メニューにある「並び替え」で表示順は変更できる。上のドロップダウンリストで並び替えたい項目を選び、上で選んだ項目の値が「大きい順」または「小さい順」のどちらで表示するかを設定する。

なお、画面を開いたときには、「並び替え」は「銘柄コード」の「小さい順」で設定されている（図9）。

これで、20万円以下で買える「今は小さくても、将来大化けする可能性のある若い会社」のリストが完成したが、もう少しだけスクリーニングの機能を説明しておこう。

■検索条件の保存方法

検索条件は保存できる。検索条件の保存は「現在の検索条件の保存・編集」から行える（図10）。

「新規保存条件」と表示されているテキストボックス（以下図11の①）にマウスカーソルをあて、クリックすれば条件名を変更できる。

覚えやすい名前を付け、「登録／上書」ボタン（以下図11の②）をクリックすれば保存完了だ。すでに保存している条件に上書き保存する場合は、ラジオボタン（◉のボタン）

8 上場市場による絞り込みは「市場を選択」から行う

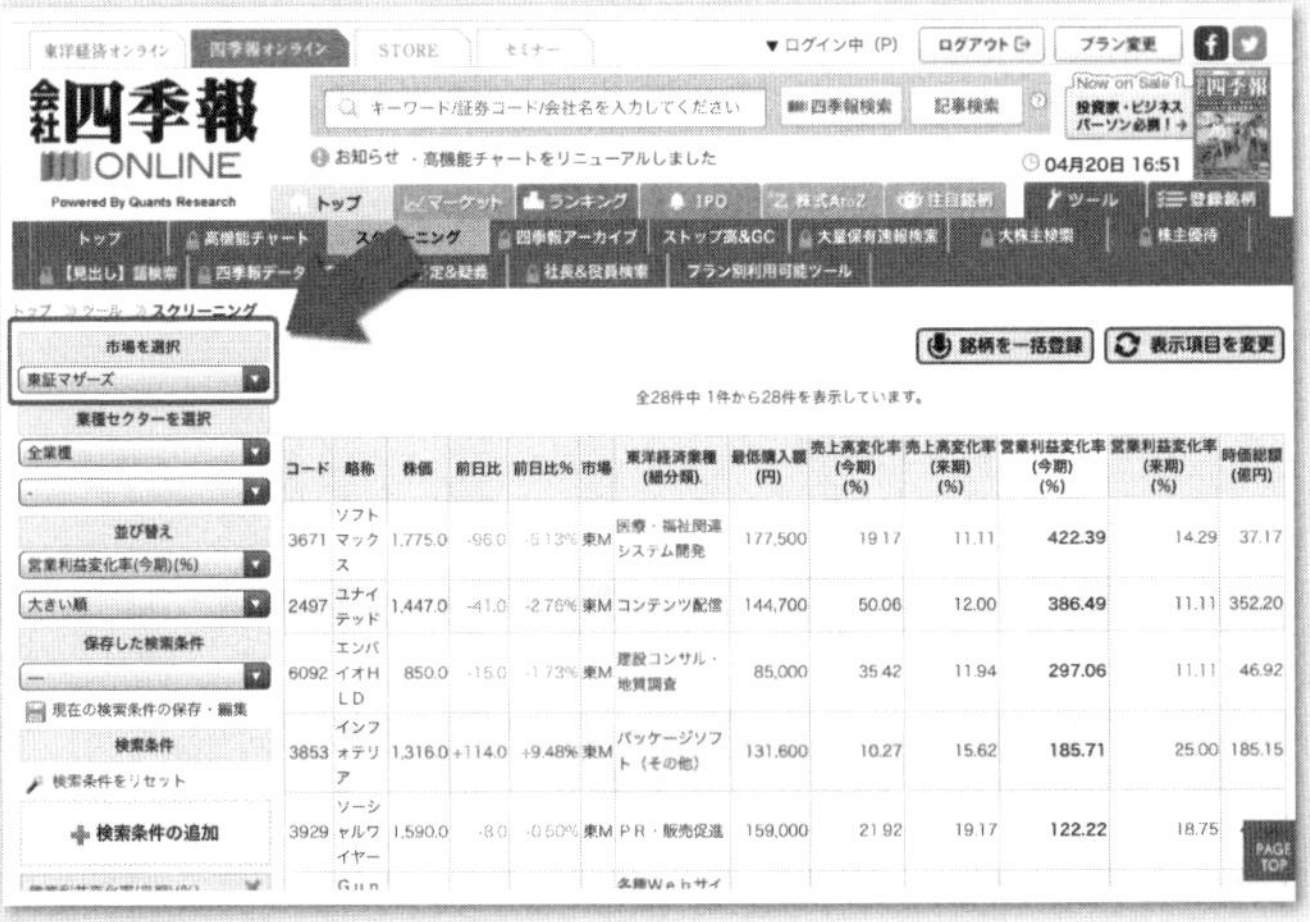

9 「営業利益変化率(今期)(%)」の大きい順に並び替えた結果

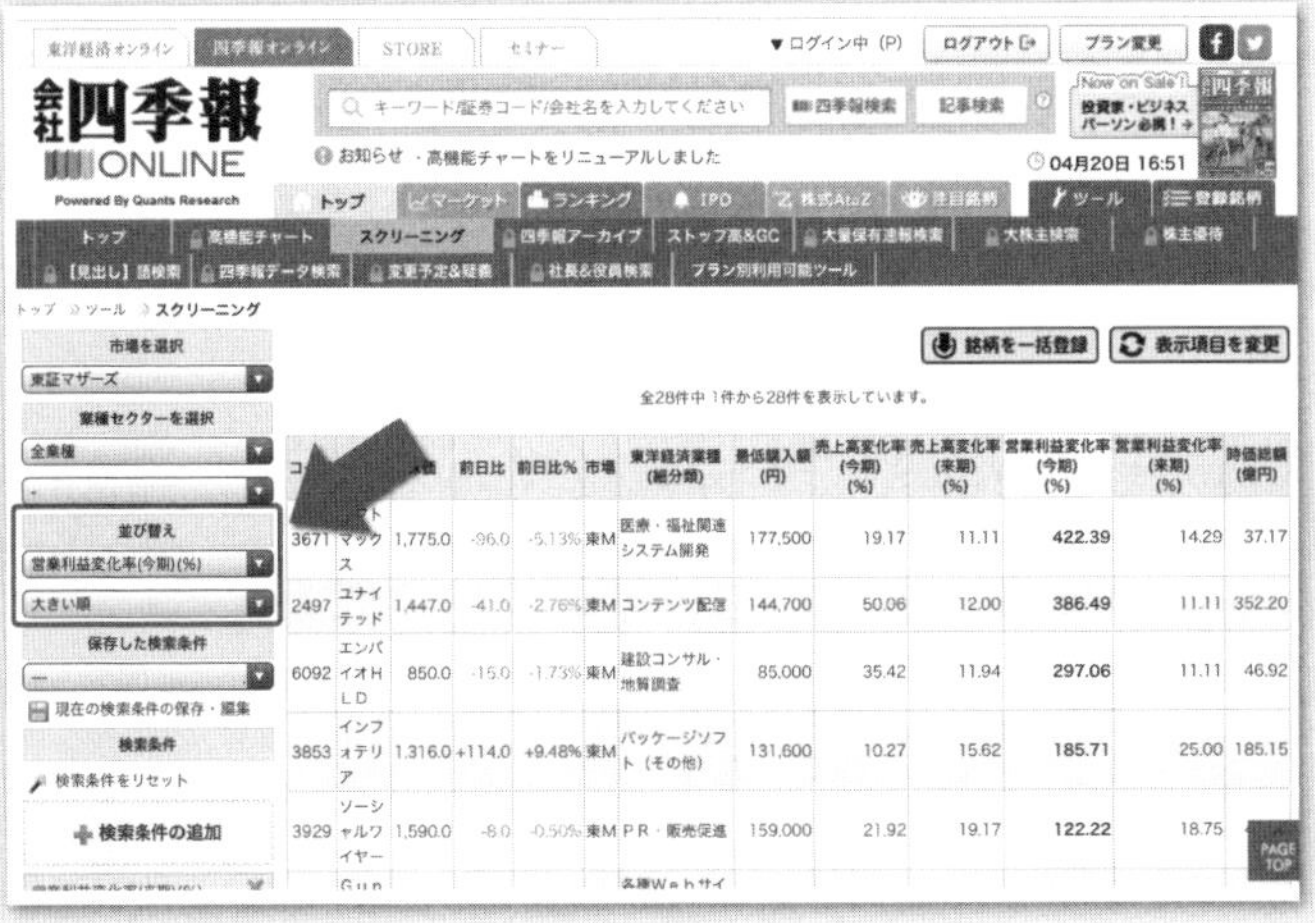

を「新規」でなく上書きしたい条件の左に移動して「登録／上書」ボタンをクリックすればいい。

条件は10条件、条件名は10文字まで保存できる（図11）。保存した条件は、メニューの「保存した検索条件」で選ぶだけで、いつでも呼び出すことができるので、相場の地合いが変化したときなどタイミングを変えて何度も検索してみると面白い（図12）。

■業種セクターと登録銘柄を活用

最後にメニューの「業種セクターを選択」部分について説明しよう。ここにはドロップダウンリストが2カ所ある。上は「全業種」「東洋経済業種（大分類）」「東洋経済業種（中分類）」「東洋経済業種（小分類）」「33業種」「市場テーマ」「登録銘柄」から選ぶことができる。下は上で選んだものに対応するリストが表示され、ここで選んだもので検索結果に絞り込みを行う（図13）。

33業種と東洋経済業種（大分類～小分類）は業種で銘柄を絞り込みたいときに利用する。「33業種」は、東京証券取引所が東証株価指数（TOPIX）で採用している業種分類で、ごく一般的に使われている。上場銘柄を33業種に分類する方式のため、1業種に属する銘柄数が多くなるほか、きめ細かな銘柄選別がしにくい、という声もある。例えば、「電気機器」

10 検索条件の保存はここをクリック

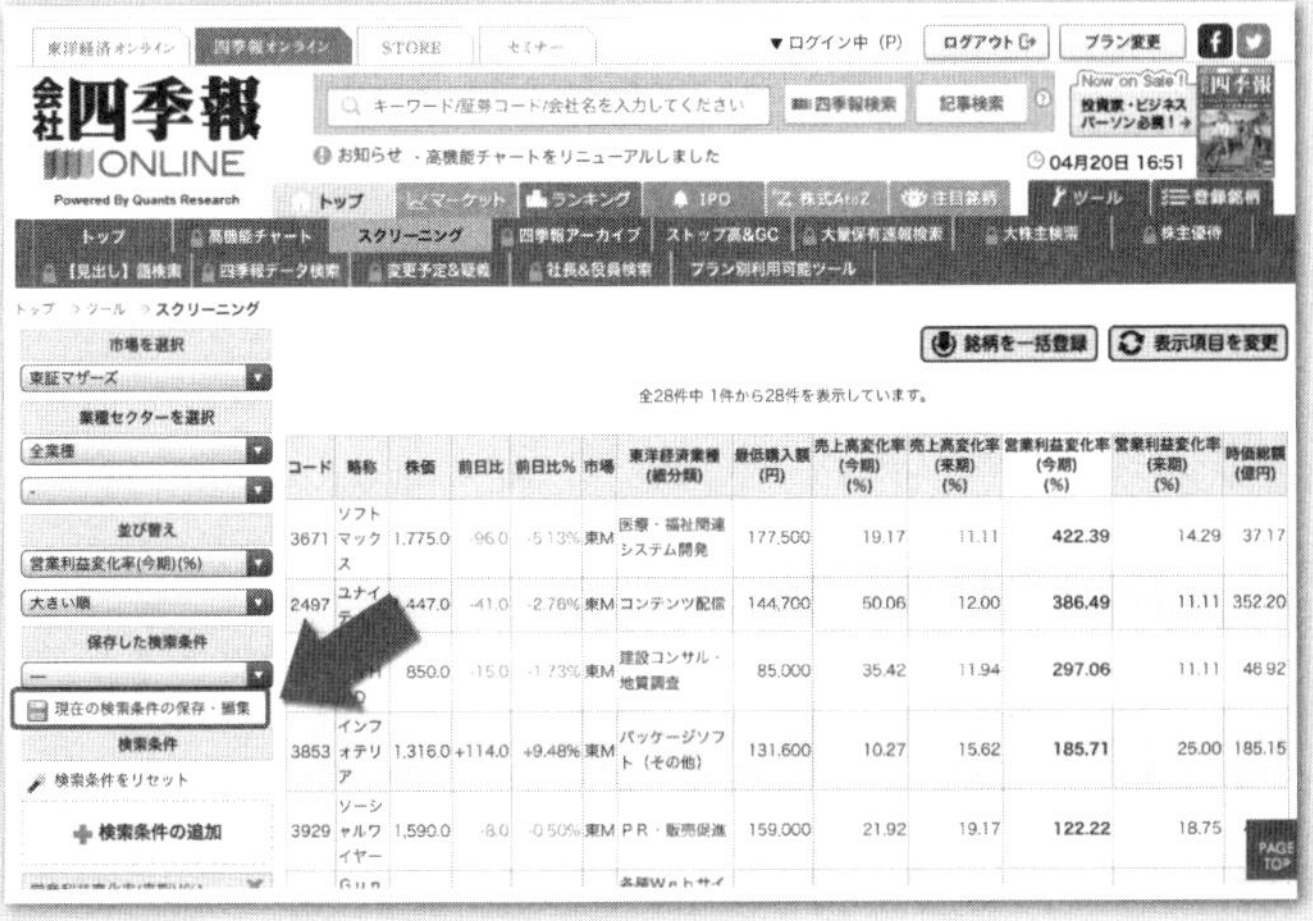

11 条件は忘れずに保存しておこう

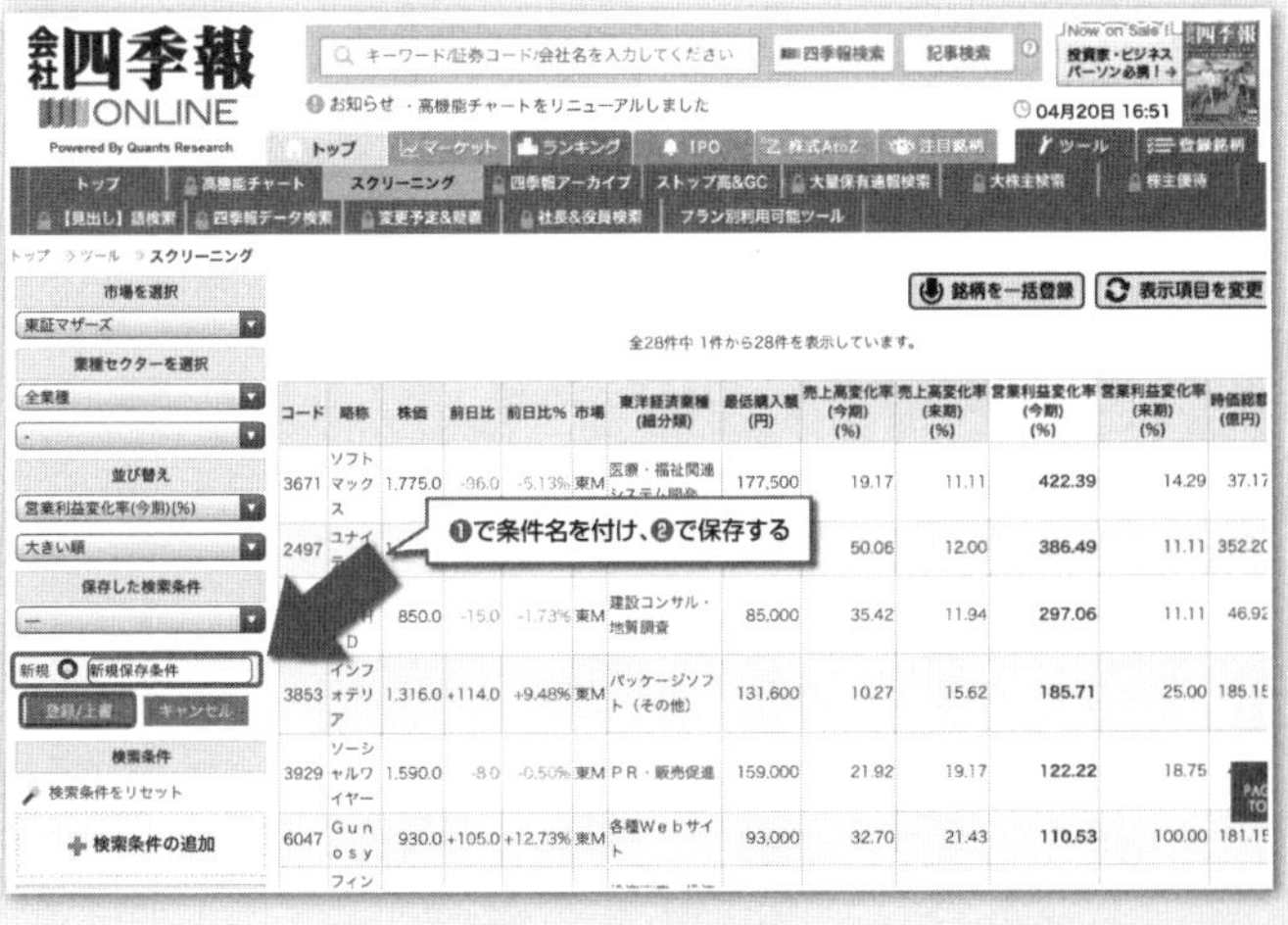

には日立製作所（６５０１）のような総合電機メーカーをはじめ、ソニー（６７５８）やパナソニック（６７５２）といった家電・ＡＶ機器メーカー、村田製作所（６９８１）やアルプス電気（６７７０）などの電子部品会社が一括《ひとくく》りにされており、必ずしも厳密な業種分類とはいえない。

一方、「東洋経済業種」は同社独自の業種分類で、「33業種」よりも細かく分類しているのが特長だ。大分類・中分類・小分類が利用できるが、おススメは小分類。小分類ならば、上述した33業種では1業種だったものが、民生用エレクトロニクス、総合電機、電子部品に分かれている。

「市場テーマ」は同社が独自に市場テーマを設定し、銘柄にヒモ付けたもの。市場テーマ一覧ページの先頭にある「ハイテク・新技術」など市場テーマのカテゴリーで銘柄を絞り込むことができる。

「登録銘柄」は、登録銘柄ページに登録した銘柄を対象にして絞り込む機能。銘柄を登録しておくと、登録した銘柄群をベースにさまざまなスクリーニングが実行できるので、活用方法は無限大だ。

登録した銘柄に限定した株価騰落率や移動平均線との乖離率ランキングなど、スクリーニングと登録銘柄機能を同時に使うことで、新たな「気づき」が得られるはずだ。

12 保存しておけばいつでもその条件が使える

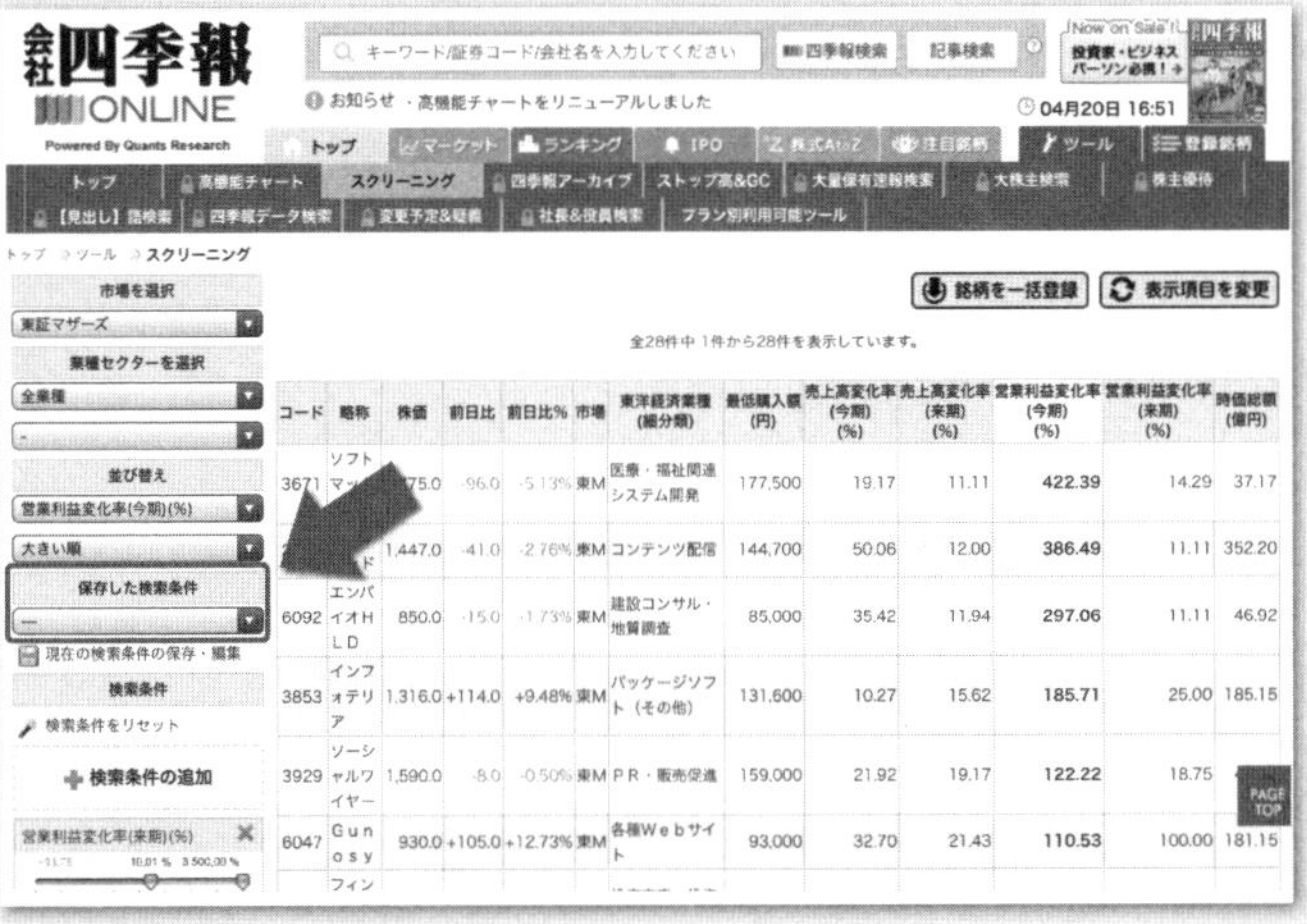

13 業種やテーマ、登録した銘柄でも絞り込むことができる

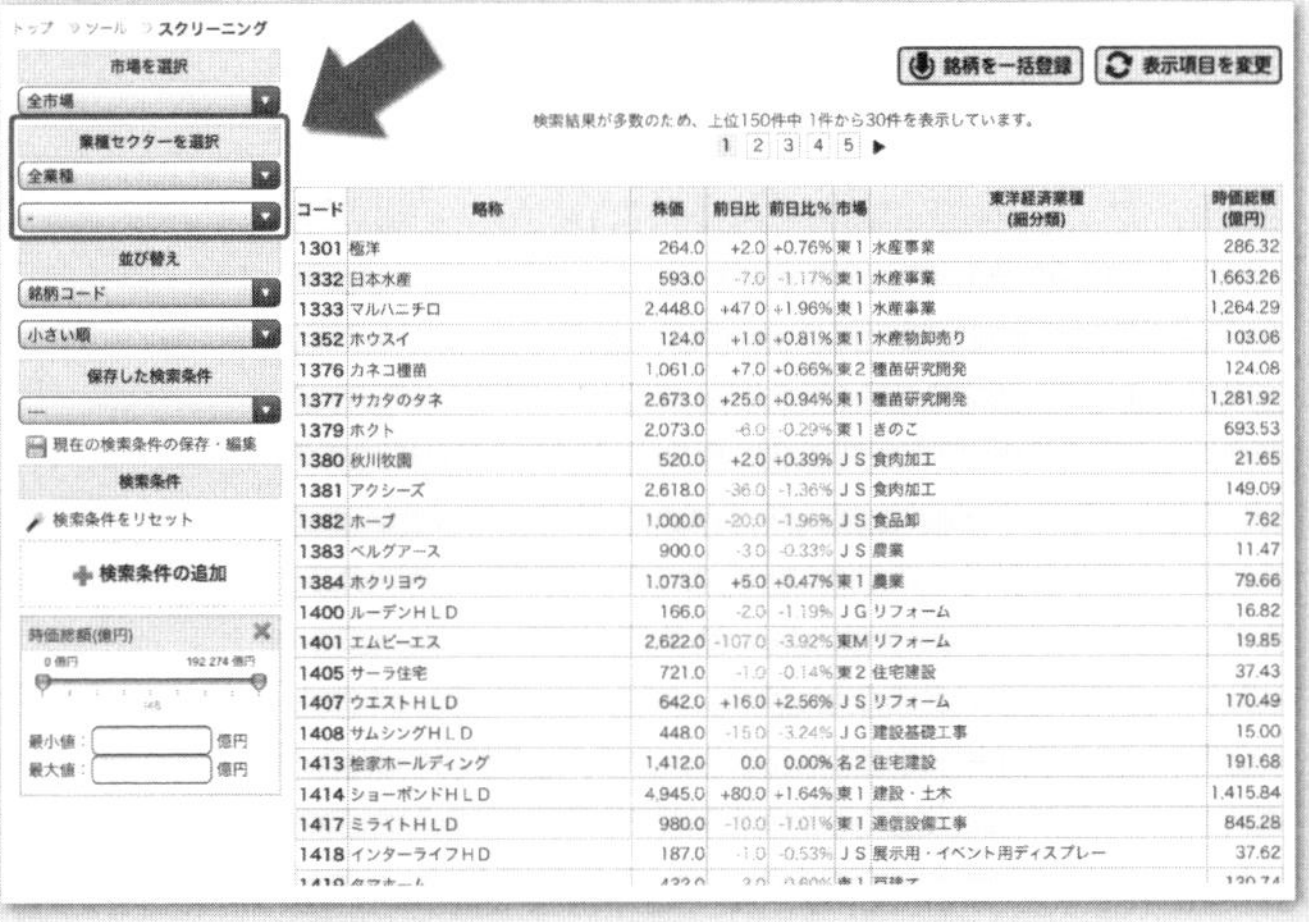

高度な検索機能を活用する

■「ツール」に入ったさまざまな高機能

ここで紹介するのは有料プランの内容であるが、『会社四季報オンライン』には、ここまで紹介してきた以外にも、株式投資に役立つさまざまな機能が付いている。

ここでは、「ツール」タグをクリックした際に出てくるさまざまな高機能ツールについて紹介しておきたい。

◎高機能チャート

ローソク足や一目均衡はもちろん、RSI・MACDなど30種類以上のチャートを描画できる。ちなみに、RSIとは、「Relative Strength Index」の略で、「相対力指数」ともいい、オシレーター系（株価の変動を指数化し相場の強弱を表わすもの）の指標としては

スクリーニング機能を使ってみよう

『会社四季報オンライン』の上部タグにある「ツール」をクリックすると、株式投資の強い味方となる以下の高機能ツールが一覧で表示される。これらの機能はほとんどが有料プランでのみ使えるものなので、有料会員への申し込みが必要になる。

会社四季報 ONLINE
Powered By Quants Research
キーワード/証券コード/会社名を入力してください
四季報検索
記事検索
お知らせ
【予告】9/16の深夜0：00より、秋号のデータに順次更新予定です
【重要】9/18のシステムメンテナンスのお知らせ
【重要】10/1からベーシックプランの機能を拡充します！
09月14日 12:36
トップ
マーケット
ランキング
IPO
株式AtoZ
ツール
トップ
高機能チャート
スクリーニング
四季報アーカイブ
ストップ高&GC
大量保有速報検索
大株主検索
株主優待
【見出し】語検索
四季報データ検索
変更予定&疑義
社長&役員検索
プラン別利用可能ツール
トップ > ツール
ツール解説
高機能チャート
ローソク足や一目均衡はもちろん、RSI・MACDなど30種類以上のチャートを描画できます。最長で、1984年からの株価を利用できます。四季報情報も表示。ご利用には、チャートオプション以上の有料プランへの申し込みが必要です。リアルタイムオプションを申し込み頂きますと、リアルタイム株価で表示されます。
スクリーニング
お客様が用意されているスクリーニング項目を用いて、独自に銘柄を絞り込むことが可能です。ゲストからご利用いただけますが、有料プランを申し込み頂きますとさまざまなスクリーニング項目をご利用いただけます。有料プランごとにご利用いただけるスクリーニング項目が異なりますので、詳しくは用語集をご参照ください。
四季報アーカイブ
四季報創刊号(1936年発行)から最新号までの四季報で、すべての個別銘柄をチェックできます。ソニーが上場して初めて掲載された1956年2集の記事など、気になる銘柄の"昔"が見られます。登録銘柄も順に表示できるので、四季報で簡単にチェックできます。プレミアムプランからご利用いただけます。
旧・高機能チャート
これまでの高機能チャートです。
2016年9月末でサービス停止となります。チャート内に保存したトレンドラインはサービス停止後は復元できませんのでご注意ください。
ストップ高&GC
本日株価がストップ高、ストップ安となった銘柄を一覧表示します。ゴールデンクロス・デッドクロス銘柄（13週・26週移動平均、5日・25日移動平均）も表示します。ゴールデンクロス・デッドクロスのご利用には有料プランへのお申し込みが必要です。リアルタイムオプションを申し込み頂きますとリアルタイム株価を用いて表示します。
大量保有速報検索
EDINET（http://disclosure.edinet-fsa.go.jp/）に提出された大量保有報告書などの内容を速報でお届けしている大量保有速報を検索できます。銘柄名、株主名で検索すれば、一発で最近の動向を把握できます。あの機関投資家・個人投資家の売買動向をチェックして参考にしましょう！ご利用には有料プランへの申し込みが必要です。
大株主検索
東洋経済が独自調査している最大30位までの大株主データを株主名で検索できます。気になる会社名・投資家名で検索すれば、すぐ保有銘柄がわかります。大量保有速報検索とあわせて検索すれば、機関投資家の動向も丸裸にできます。プレミアムプランからご利用いただけます。
株主優待
株主優待制度を実施している銘柄を、権利確定月別、内容別に一覧表示します。内容は、飲食券、食品、買物券、金券、ファッション、暮らし、旅行・宿泊、娯楽・レジャー、自社商品、長期保有していると特典がある銘柄に分類。お目当ての優待がすぐ見つかります。ご利用には有料プランへの申し込みが必要です。
【見出し】語検索
会社四季報の本文先頭の【見出し】語は業績予想数字に関するもので、予想数字と記事内容を一言で表現しています。【見出し】語検索では、注目度高い見出しを一発で検索できます。プラスイメージとマイナスイメージの【見出し】語でそれぞれ検索できますので、ご活用ください。ご利用には有料プランへの申し込みが必要です。
四季報データ検索
最新の会社四季報に掲載されている本社住所、取引銀行、幹事証券、監査法人、設立年月、上場年月を検索できます。本社が東京都にある会社、あの銀行と取引がある会社、設立100周年の会社、上場10年目の会社など、簡単に会社一覧が作成できます。ご利用には有料プランへの申し込みが必要です。
変更予定&疑義
社名変更予定銘柄や上場廃止予定銘柄、ファイナンス予定銘柄を一覧で表示します。また、リスク情報として紙の四季報に掲載している継続企業の前提に疑義の注記がある銘柄、継続企業の前提に関する重要事象等の記載がある銘柄も一覧で表示します。ご利用には有料プランへの申し込みが必要です。
社長&役員検索
今年就任した社長から、就任してから30年経つ社長まで、就任した年で社長を検索できます。あの社長の就任後、株価はどう動いたのか？役員の最終学歴と卒業年でも検索できます。あの役員達が同級生？この会社はあの大学卒の役員が多いなど。意外な発見があるかもしれません。プレミアムプランからご利用いただけます。
最新データランキング
株価
売買・信用残
テクニカル
業績予想
投資指標
プレミアム
おもちゃ箱
株主優待

代表的なもの。直近の一定期間において、終値ベースで上昇と下落、どちらの変動の勢いが強いのか計測し、「売られすぎ」「買われすぎ」を見る。

ＭＡＣＤは「Moving Average Convergence/Divergence Trading Method」の略で、「移動平均・収束・拡散手法」ともいう。２本の移動平均線（ＭＡＣＤとそれを単純移動平均化したシグナルの２本のライン）を用い、相場の周期とタイミングを捉える指標。ＭＡＣＤの傾きからトレンドの方向性を見るといった利用方法もある。

◎スクリーニング

１２８ページ参照。

◎四季報アーカイブ

『会社四季報』創刊号（１９３６年発行）から最新号までの四季報で、すべての個別銘柄をチェックできる。

例えばソニー（６７５８）が上場して初めて掲載された１９５６年２集の記事など、気になる銘柄の歴史が見られる。登録銘柄も順に表示できるので、四季報で簡単にチェックできる。利用できるのはプレミアムプランから。

「ツール」内のスクリーニングページ(上)と株主優待ページ(下)

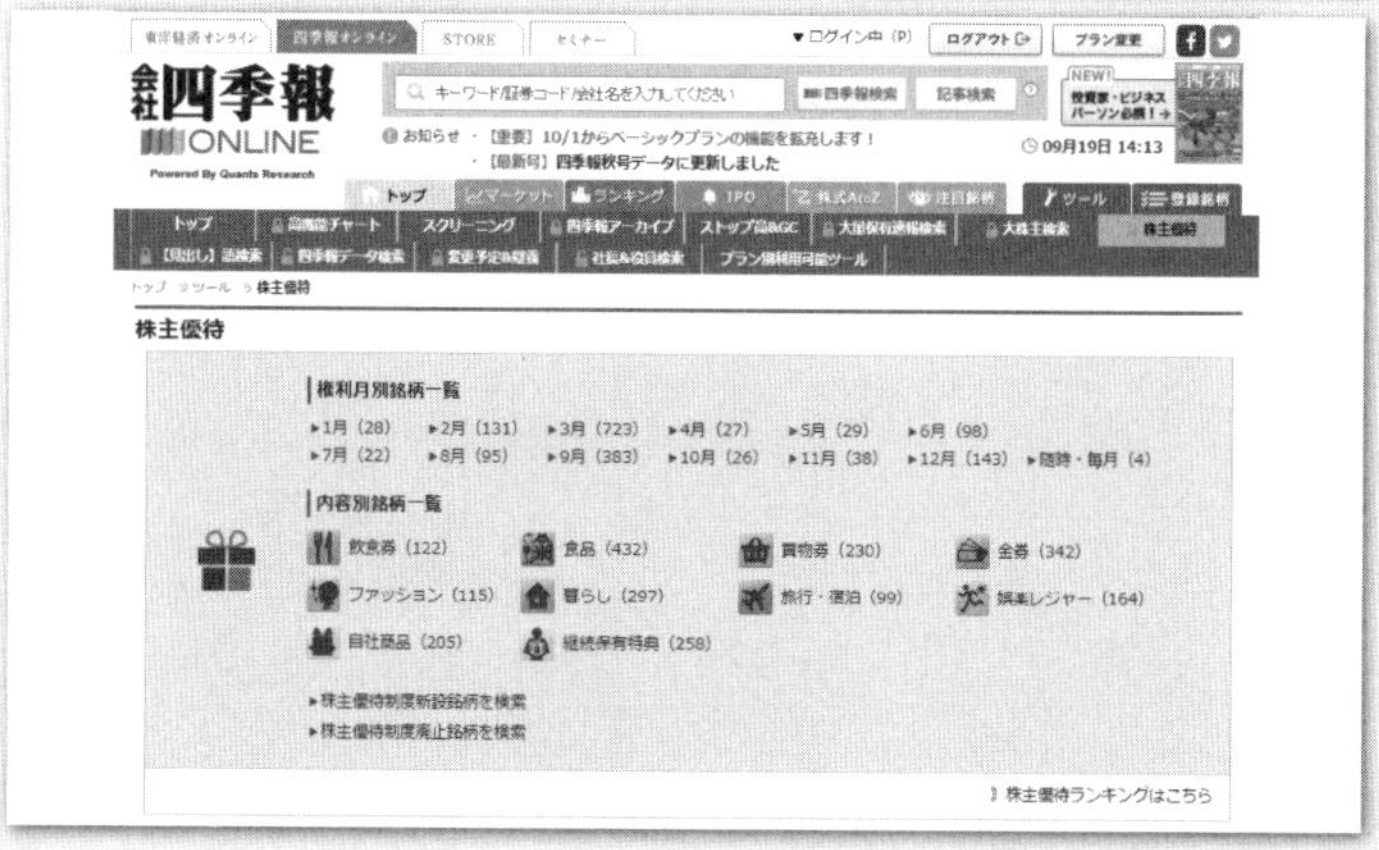

◎ストップ高&GC

その日に株価がストップ高、ストップ安となった銘柄を一覧表示。ゴールデンクロス(GC)・デッドクロス銘柄(13週・26週移動平均、5日・25日移動平均)も表示する。

短中期の移動平均線が中長期の移動平均線を下から上に突き抜けた状態を「ゴールデンクロス」といい、株価上昇サイン(買い時)とされる(156ページ参照)。もっとも、これは絶対ではなく、実際は株価が上がった後にゴールデンクロスになる場合も多い。だから、短中期線が上向きになって中長期線に近づいた頃が実際の買い時ともいえる。ゴールデンクロスと反対に短中期線が中長期線を上から下に突き抜けた場合を「デッドクロス」という。これは下落相場(売り時)になったサインと考えられる。ゴールデンクロス・デッドクロスの利用には有料プランへの申し込みが必要。リアルタイムオプションを申し込むと、リアルタイム株価で表示される。

◎大量保有速報検索

EDINET(http://disclosure.edinet-fsa.go.jp/)に提出された大量保有報告書などの内容が速報で見られる大量保有速報を検索できる。銘柄名、株主名で検索すれば、一発で最近の動向を把握できる。有料プランで利用可。

◎大株主検索

東洋経済が独自調査している最大30位までの大株主データを株主名で検索できる。気になる会社名・投資家名で検索すれば、すぐに保有銘柄がわかる。大量保有速報検索とあわせて検索すれば、機関投資家の動向も把握できる。利用は有料のプレミアムプランから。

◎株主優待

株主優待制度を実施している銘柄を、権利確定月別、内容別に一覧表示。内容は、飲食券、食品、買物券、金券、ファッション、暮らし、旅行・宿泊、娯楽・レジャー、自社商品、長期保有していると特典がある銘柄に分類。有料プランで利用可。

◎【見出し】語検索

『会社四季報』の本文先頭にある【見出し】語は業績予想数字に関するもので、予想数字と記事内容を一言で表現している。【見出し】語検索では、注目度の高い見出しを一発で検索できる。プラスイメージとマイナスイメージの【見出し】語でそれぞれ検索できる。有料プランで利用可。

◎四季報データ検索

最新の会社四季報に掲載されている本社住所、取引銀行、幹事証券、監査法人、設立年月、上場年月を検索できる。「本社が東京都にある会社」「●●銀行と取引がある会社」「設立100周年の会社」「上場10年目の会社」など、簡単に会社一覧が作成できる。会社の設立100周年など区切れの年には、記念配当などがあるので、要チェックだ。有料プラン。

◎変更予定&疑義

社名変更予定銘柄や上場廃止予定銘柄、ファイナンス予定銘柄を一覧で表示。また、リスク情報として雑誌版『会社四季報』に掲載している「継続企業の前提に疑義の注記」がある銘柄、「継続企業の前提に関する重要事象等の記載」がある銘柄も一覧で表示する。有料プランで利用できる。

◎社長&役員検索

今年就任した社長から、就任してから30年経つ社長まで、就任した年で社長を検索できる。「あの社長の就任後、株価はどう動いたのか?」という場合や、役員の最終学歴・卒業年などを検索できる。「あの役員たちが同級生?」「この会社はあの大学卒の役員が多い」

など、意外な発見があるかもしれない。利用は有料のプレミアムプランから可能だ。

『会社四季報』で探す〈検索編❷〉

雑誌版『会社四季報』に、WEB版の『会社四季報オンライン』のような情報の速報性やスクリーニングのような検索機能を求めるのは難しい。しかしWEBにはない雑誌版ならではの検索方法もある。『会社四季報』のヘビーユーザーがよく用いる活用法は、付箋を使った銘柄選びの方法だ。単純に割安と判断した銘柄にペタペタ付箋を貼り付けておく方法もあれば、「保有している銘柄」「購入を検討している銘柄」「監視している銘柄」の3色に分けて貼る方法もある。機械的にスクリーニングで条件の合った銘柄を探すより、手作業で付箋を貼っていく作業のほうが、思わぬ銘柄に出会うこともあるのだ。

お宝銘柄が見つかるチャートの読み方

■四季報ページには必ずチャートがある

『会社四季報』および『会社四季報オンライン』の各社のページには、株価チャートが必ず掲載されている。さらに『会社四季報オンライン』では、有料サービスの中に「高機能チャート」があって、より細かな銘柄分析ができるようになっている。

ここではまず、雑誌版とオンライン版に共通した『会社四季報』のチャートの読み方から説明していこう。

■まずはローソク足で簡単な銘柄探し

『会社四季報』で使われているチャートは、「ローソク足」と呼ばれているものだ。ローソク足は、一定期間の株価の動きを1本の棒で表したもので、『会社四季報』に載ってい

オンラインならではの高機能チャート

『会社四季報』と『会社四季報オンライン』に共通の月足チャート。タイムリーな株価のトレンドはカバーできないが、業績欄の数値などと組み合わせて中長期のトレンドを読み、使いこなせばそこからお宝銘柄を拾い出すこともできる。

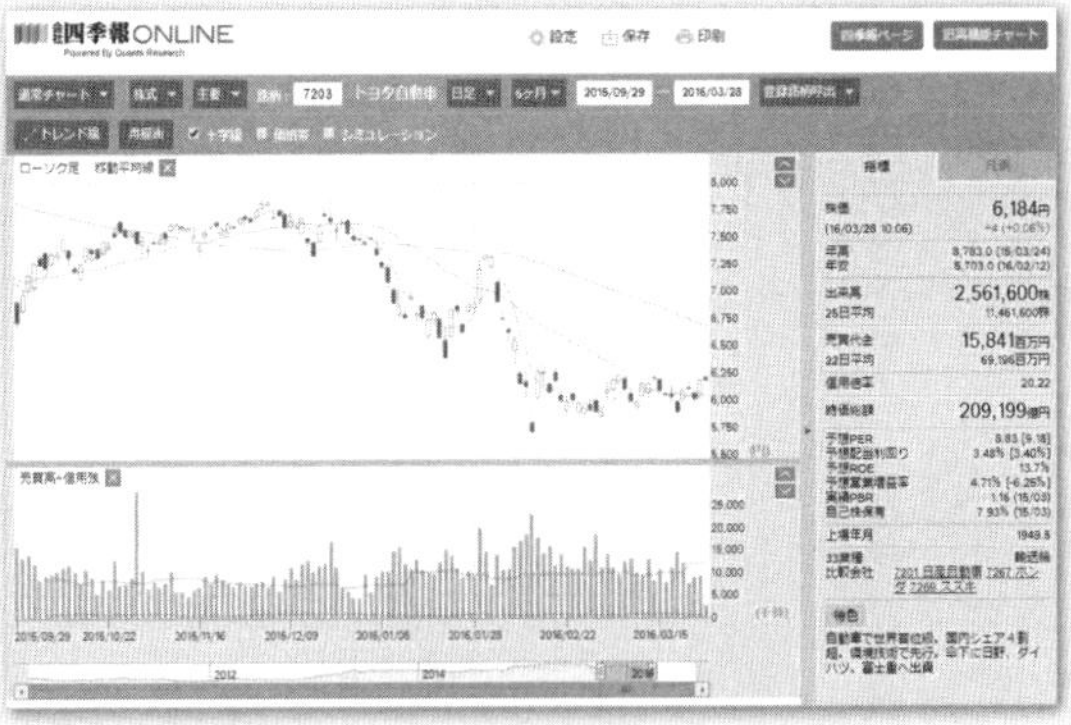

るのは、1カ月の株価の動きを示した月足（つきあし）のチャートだ。

月足チャートには、その月の最初に付いた株価である「始値」、月の最終売買日の取引終了時の「終値」、その月に記録した最も高い「高値」、その逆に最も低い「安値」という4つの株価が反映されている。

白いローソク足と、黒いローソク足があるが、白い方を「陽線」、黒い方を「陰線」という。ローソク足は「実体（胴体）」と上下の「ヒゲ」という部分で構成されている。

実体は、始値と終値を結んだ部分で、始値よりも終値が高い、つまり値上がりした場合は白い陽線、逆に値下がりすれば黒い陰線となる。始値と終値を超えた高値と安値は、上下のヒゲで表す。

ローソク足をざっと見たとき、白の陽線が多ければ上昇の勢いが強く、黒の陰線が多ければ下向きの力が強いことを示す。またローソク足の幅の長短からも、株価の勢いがわかる。例えば「短い陰線」なら、下落基調ではあるがそれほど勢いは強くないことを示す。ヒゲはその期間の中で抵抗勢力が現れたことを示すもので、勢いが強まったり弱まったりするなど、反対方向に転換するシグナルと言える。

このチャートから、お宝銘柄を探す簡単な方法を紹介する。

まず、チャートを見る前に業績欄を見てみよう。例えば今年度の営業利益予想が増益で、記事欄の見出しが「最高益」になっていたとする。その銘柄のチャートを見たときに、株価が値下がりしていた場合、これは1つの「買い」チャンスとも言える。

なぜなら、株価は将来起こりうるさまざまな出来事を織り込んで動くからだ。仮にこの会社の株価が上がり続けている場合、良好な業績見通しがすでに株価に反映されている可能性がある。そのため、その時点で購入しても、さらなる値上がりが見込める可能性は薄くなる。

むしろ、**業績が好調でも、株価が現段階であまり上がっていない銘柄を探す**——これが会社四季報のチャートを使った有望銘柄のポイントだ。

チャートの基本

『会社四季報』および『会社四季報オンライン』で使われている基本チャート。月足でグラフはローソク足、24カ月と12カ月の移動平均線が描画されている。下の棒グラフは出来高。信用取引の売り残、買い残もわかるようになっている。

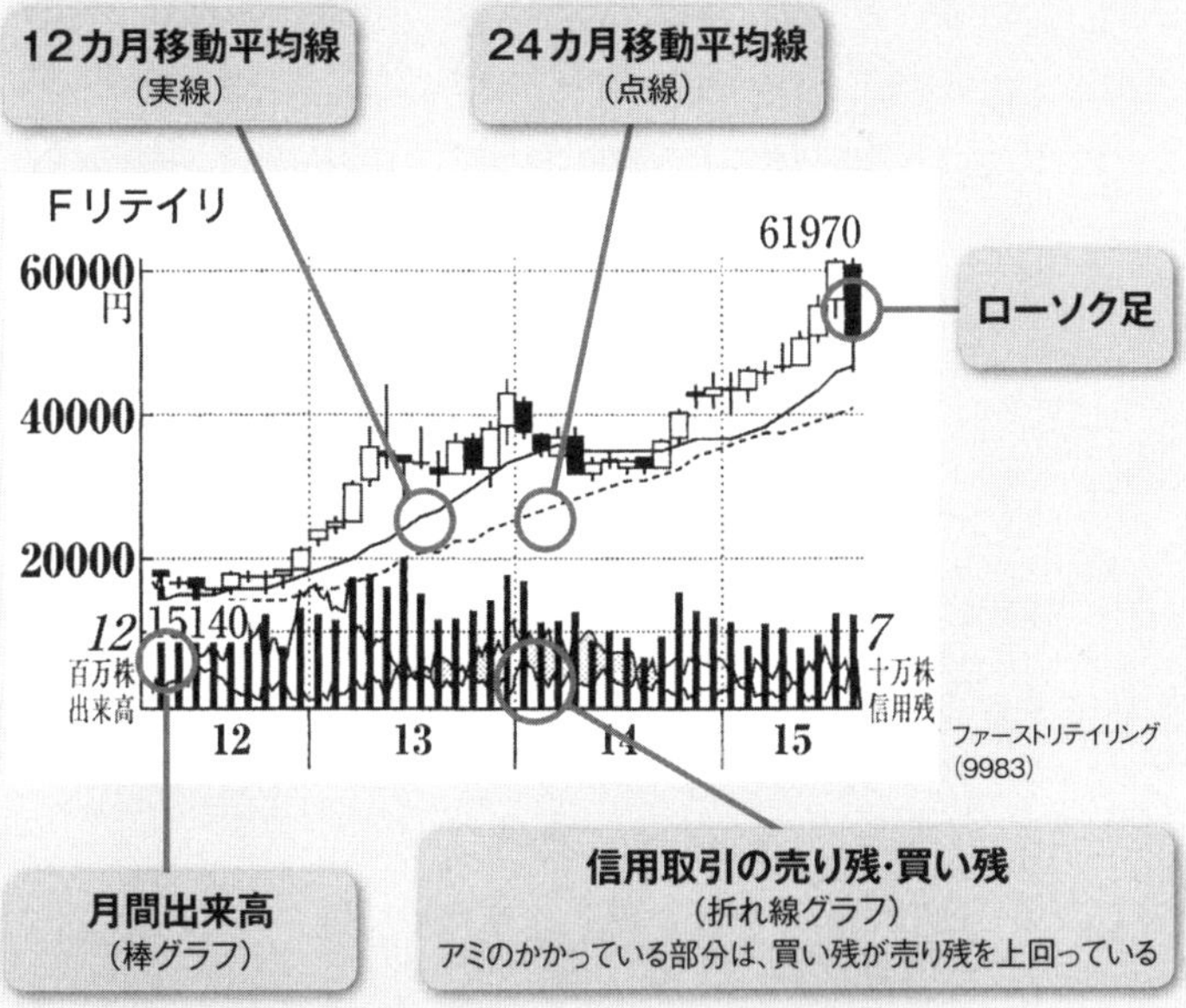

■ローソク足のしくみ

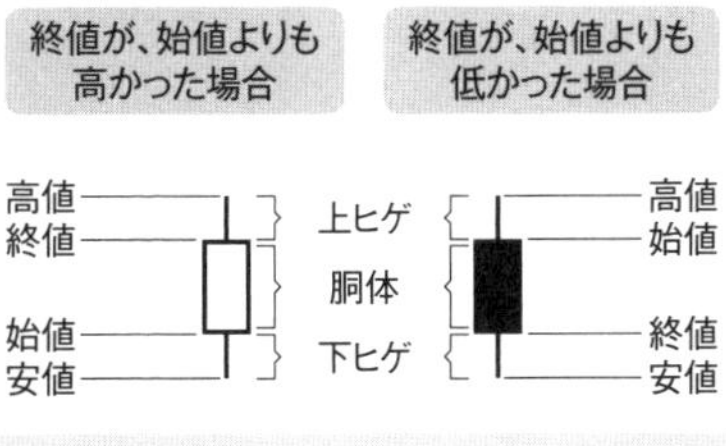

『会社四季報』のローソク足は、月ごとの株価の始値、終値、高値、安値の「四本値」を示す。月初め(その月の第1営業日)の始値が月末(最終営業日)の終値より高ければ、ローソク足の柱は白くなり(陽線)、その逆なら黒くなる(陰線)。

■ゴールデンクロスは株価上昇のサイン

チャートの移動平均線は5日線、25日線など日々の終値の平均値を使う「日足線」、13週線、52週線など週の最終営業日の終値の平均値を使う「週足線」、12カ月、24カ月など月の最終営業日の終値の平均値を使う「月足線」がある。

1カ月以内の移動平均線を「短期線」、1カ月以上3カ月以内の移動平均線を「中期線」、3カ月以上の移動平均線を「長期線」という。

『会社四季報』のチャートには、12カ月と24カ月の移動平均線が使われている。

148ページでも説明したように、短中期の移動平均線が中長期の移動平均線を下から上に突き抜けた「ゴールデンクロス」は、株価上昇サインとされる（もっとも、これは絶対ではなく、実際は株価が上がった後にゴールデンクロスになる場合も多い）。

ゴールデンクロスと反対に、短中期線が中長期線を上から下に突き抜けた場合を「デッドクロス」といい、下落相場になったサインと考えられる。

また、株価の高値と安値を結んだ線でその方向性を推測するテクニカル分析もある。

株価が上昇トレンドの場合は、株価が最も安い時点とその後反落した場面をつないで描いた線を「下値支持線」といい、株価が下値支持線に接近したときが買いと考える。

逆に、株価が下降トレントの場合は、株価が最も高い時点とその後反発した場面をつないで「上値抵抗線」を描き、株価が上値抵抗線に接近したときが売りと考える。

また、株価が一定の範囲内で上がったり、下がったりを繰り返すことを「持ち合い」という。株式投資でよく耳にする「ボックス」は、持ち合いの典型的パターンだ。ある価格まで上昇すると反落し、逆にある水準まで下がると反騰する。

その修正を利用して、ボックス下限（下値支持）付近を待って買い、ボックス上限（上値抵抗）で売る投資手法が一般的だ。

ボックス圏の上下どちらかを突破すると株価の動きが加速するため、その瞬間が売買のポイントになる。

■ 高機能チャートとは

『会社四季報』オンライン独自の高機能チャートは、30種類以上のチャートが描画できる機能を持っている。ローソク足や、広く投資家の間で利用されている一目均衡表、RSI・MACDなど30種類以上のチャートを描画できる。最長で1984年からの株価で利用可能。トレンドラインも書き込めるので銘柄研究に最適なツールだ。

描画できるチャートは以下のものになる。専門的なチャートなので、詳しい解説は実際に『会社四季報オンライン』で見てほしい。
ローソク足、折れ線、新値足、カギ足、ポイントアンドフィギュア、逆ウォッチ曲線、移動平均、回帰トレンド、フィボナッチ（戻り・終値）、フィボナッチ（戻り・ザラ場）、フィボナッチ（基調転換）、ボリジャーバンド、エンベロープ、一目均衡、パラボリック、ピボット、ピークボトム表示、日柄、売買高、信用残、移動平均乖離率、騰落率、RSI、サイコロジカルライン、RCI、DMI、モメンタム、レシオケータ、騰落価格、時系列新値足、ストキャスティクス、MACD、ボリュームレシオ、強弱レシオ、ROC、価格帯出来高。

高機能チャートは、『会社四季報オンライン』のプレミアム企業情報（有料プランであるプレミアムから利用可）から飛ぶこともできる。

この中で一つ注目したいのが、「スコア」と株価チャートを組み合わせた銘柄選びの方法だ。

「スコア」とは何か。PERや配当利回りなど、株価と密接な関係を持つ投資指標はたくさんある。ある時期はPERの低い銘柄が物色され、またある時期は配当利回りの高い銘柄が人気化する。『会社四季報オンライン』では、そのような一つひとつの投資指標を複雑に組み合わせることで、株価の騰落率を、より正確に説明できる投資指標があればと考え、スコアを算出している。

スコアは、独自にピックアップした投資指標を一定の重みづけでまず8つのファクターに集約（「業績スコア」や「収益性スコア」など）。各ファクター値は、100点満点で、1点から100点の範囲を取る。そして、その8つのファクター値を再度一定の重みづけで集約してスコアをはじき出しているのだ。

ちなみにスコアの最高はおおむね80点台となり、70点前後でもかなり高いスコアといえるので、しっかり覚えておきたい。また、スコアの計算は毎日行っているので、日々の株価変動や業績発表に伴う一つひとつの投資指標の変化をしっかり反映する。だから、お宝銘柄を探す際のツールとして使うことができるのだ。

■「スコア」と「チャート」を使った銘柄探しの例

では、スコアを使ったお宝銘柄の探し方を紹介しよう。

プレミアムプランに申し込むと、最新データランキングページで「スコア上位ランキング」を閲覧できる。その際、売買がほとんどない銘柄を除外するため、「スコア上位ランキング（売買代金3億円以上）」を利用するのがおススメだ。

スコアはそれだけでも判断材料になるが、ランキングページには150銘柄も表示される。すべての銘柄を買うことはできないので、この中からさらに魅力ある銘柄を見つける必要がある。そのためのチェックポイントは次の5つ。

❶業種

スコアが高くても、将来が先細りの業種や、業種全体が不人気なため割安に放置されている銘柄はスコアを割り引いて考える必要がある。銘柄名や証券コードにマウスカーソルをあてると株価チャートと会社の特色が表示される。

❷スコアのトレンド

スコアのトレンドは個別銘柄の「プレミアム企業情報」ページにあるスコア詳細画面内の「スコアと株価の推移」チャートで確認できる。このチャートで、スコアが上昇トレンドにあるかを確認しておきたい。

このチャート内には株価の推移も表示されているので、こちらもスコアと併せてチェックしておこう。株価が急上昇している場合、すでに高スコアは株価に織り込まれてしまっている可能性があるからだ。

❸業績のチェック

今期のここまでの業績と通期の業績予想を比較して、業績予想が達成できそうかどうかを判断しよう。「プレミアム企業情報」の「業績（グラフ）」ページの3種類のグラフ（年次業績、業績予想推移、3カ月業績）を活用するのが近道だろう。

❹決算発表予定日

決算発表が間近に迫っている銘柄は、突然の下方修正や業績観測記事が報道されるリスクがある。決算は決算期末日から45日内に発表するのが原則だ。決算発表の予定日は東京証券取引所のホームページでチェックできる。また、会社は例年ほぼ同じ日程で決算発表する場合が多いので、過去の決算発表日が目安となる。過去の決算発表日は、個別銘柄のプレミアム企業情報の「業績（四半期）」ページで確認できる。

❺継続的なスコアをチェック

スコアの上位陣を毎日見ていると、順位に多少の変動があってもほぼ同じ銘柄群が表示されるものだ。そこに突然入ってきたニューフェースが要チェック銘柄。それがお宝株になるとんでもない大物ルーキーの可能性があるのだ。毎日チェックしてニューフェースに気付いたら、じっくりその銘柄を研究しよう。

株価上昇のサインを見つけよう

■見るべき利益の基本は営業利益

『会社四季報』と『会社四季報オンライン』を使った技術的なお宝銘柄選びのテクニックを述べてきたが、ここでもう一度、銘柄選びの基本に立ち返り、株価が上昇しそうなサインを見つけ出す方法を考えてみたい。

まず基本は、業績が着実に伸びている会社を探し出すこと。その際、『会社四季報』および『会社四季報オンライン』が注目しているのが営業利益の伸び率＝営業増益率だ。経常利益や純利益ではなく営業利益に注目するのは、営業利益が「本業の儲け」を表す利益だからだ。さらに大切なのは、1期だけの営業増益率では、消費増税前の駆け込み需要のように、利益がその年だけ押し上げられて、翌年には逆に落ち込んでしまうこともあるため、数年間の利益を時系列でチェックすることだ。

株価上昇のサインを読む

株価が上昇する基本的要因は、業績が上向きであること。つまりは「増益」見通しということだが、増益のパターンにも「最高益」「連続増益」「V字回復」などのパターンがある。特に収益が「V字回復」の銘柄をいち早く発見できれば、株価が反騰する可能性も高い。

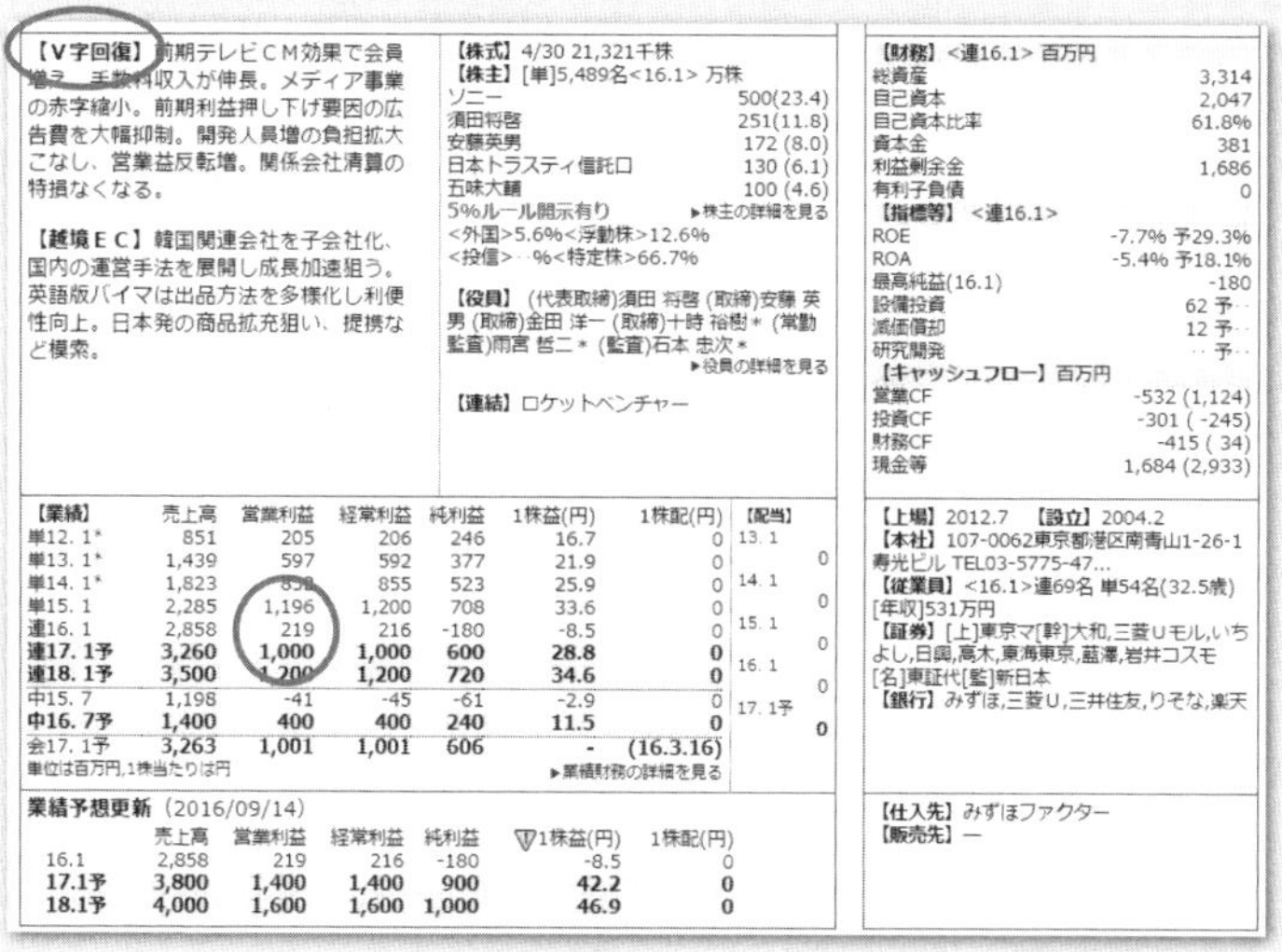

【V字回復】前期テレビＣＭ効果で会員増え、手数料収入が伸長。メディア事業の赤字縮小。前期利益押し下げ要因の広告費を大幅抑制。開発人員増の負担拡大こなし、営業益反転増。関係会社清算の特損なくなる。

【越境ＥＣ】韓国関連会社を子会社化、国内の運営手法を展開し成長加速狙う。英語版バイマは出品方法を多様化し利便性向上。日本発の商品拡充狙い、提携など模索。

【株式】4/30 21,321千株
【株主】[単]5,489名<16.1> 万株

ソニー	500(23.4)
須田将啓	251(11.8)
安藤英男	172 (8.0)
日本トラスティ信託口	130 (6.1)
五味大輔	100 (4.6)

5%ルール開示有り ▶株主の詳細を見る
<外国>5.6%<浮動株>12.6%
<投信>‥%<特定株>66.7%

【役員】(代表取締)須田 将啓 (取締)安藤 英男 (取締)金田 洋一 (取締)十時 裕樹＊ (常勤監査)雨宮 哲二＊ (監査)石本 忠次＊
▶役員の詳細を見る

【連結】ロケットベンチャー

【財務】<連16.1> 百万円

総資産	3,314
自己資本	2,047
自己資本比率	61.8%
資本金	381
利益剰余金	1,686
有利子負債	0

【指標等】<連16.1>

ROE	-7.7% 予29.3%
ROA	-5.4% 予18.1%
最高純益(16.1)	-180
設備投資	62 予‥
減価償却	12 予‥
研究開発	‥ 予‥

【キャッシュフロー】百万円

営業CF	-532 (1,124)
投資CF	-301 (-245)
財務CF	-415 (34)
現金等	1,684 (2,933)

【業績】	売上高	営業利益	経常利益	純利益	1株益(円)	1株配(円)
単12. 1*	851	205	206	246	16.7	0
単13. 1*	1,439	597	592	377	21.9	0
単14. 1*	1,823	[illegible]	855	523	25.9	0
単15. 1	2,285	1,196	1,200	708	33.6	0
連16. 1	2,858	219	216	-180	-8.5	0
連17. 1予	**3,260**	**1,000**	**1,000**	**600**	**28.8**	**0**
連18. 1予	**3,500**	**1,200**	**1,200**	**720**	**34.6**	**0**
中15. 7	1,198	-41	-45	-61	-2.9	0
中16. 7予	**1,400**	**400**	**400**	**240**	**11.5**	**0**
会17. 1予	3,263	1,001	1,001	606	-	(16.3.16)

単位は百万円,1株当たりは円 ▶業績財務の詳細を見る

【配当】	
13. 1	0
14. 1	0
15. 1	0
16. 1	0
17. 1予	**0**

業績予想更新（2016/09/14）

	売上高	営業利益	経常利益	純利益	1株益(円)	1株配(円)
16.1	2,858	219	216	-180	-8.5	0
17.1予	**3,800**	**1,400**	**1,400**	**900**	**42.2**	**0**
18.1予	**4,000**	**1,600**	**1,600**	**1,000**	**46.9**	**0**

【上場】2012.7 【設立】2004.2
【本社】107-0062東京都港区南青山1-26-1寿光ビル TEL03-5775-47...
【従業員】<16.1>連69名 単54名(32.5歳)[年収]531万円
【証券】[上]東京マ[幹]大和,三菱Ｕモル,いちよし,日興,髙木,東海東京,藍澤,岩井コスモ[名]東証代[監]新日本
【銀行】みずほ,三菱Ｕ,三井住友,りそな,楽天

【仕入先】みずほファクター
【販売先】—

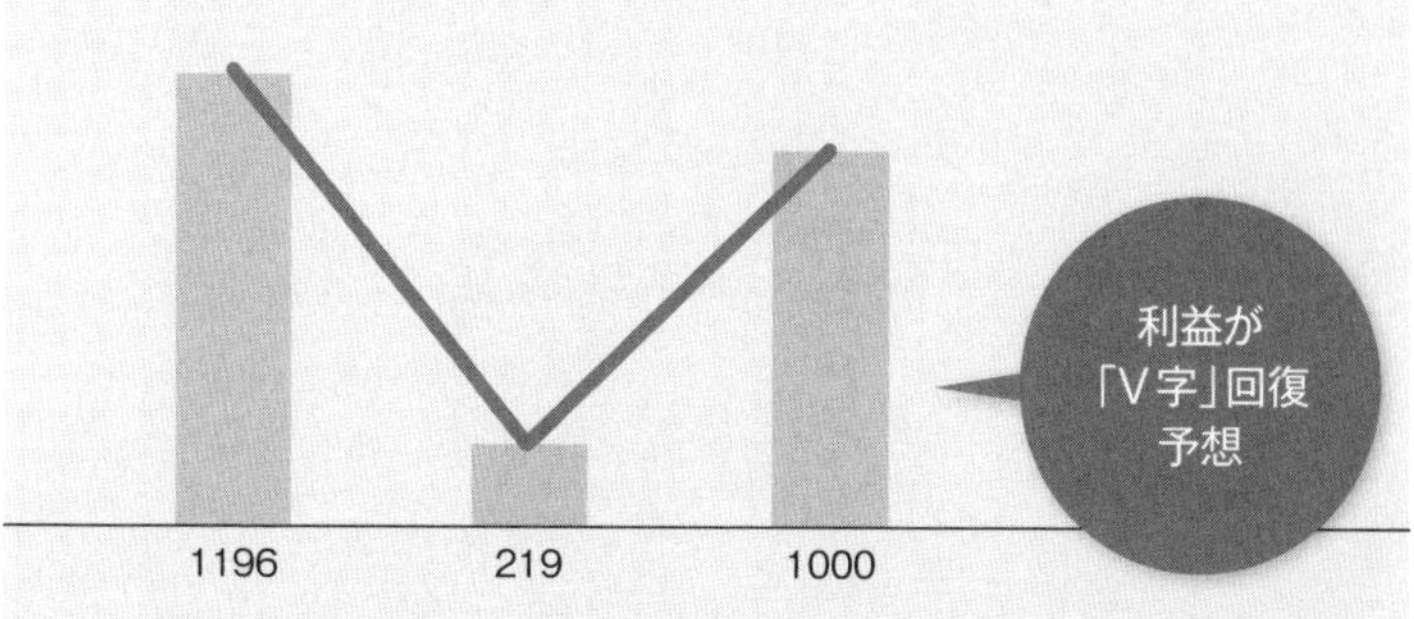

営業利益が連続して増えているということは、その会社の商品やサービスが市場に受け入れられている証拠なのである。

儲かる銘柄を選ぶときには、この営業利益に着目して「業績のよい会社かどうか」ということを見る。

株価は基本的には需要と供給のバランスによって決まる。簡単にいえば、「買い」と「売り」のバランスといってもいいだろう。「買い」が「売り」より多ければ株価は上がり、その反対は下がる。多くの投資家が「買い」と判断する基準の中で最重要なのが業績だ。業績がよい会社は「買いたい」と思う投資家が増える。その結果株価が上がり、儲けることができる。

ところで、株価は将来の業績予想を先取りして動くが、そこで多くの投資家が注目しているのが、『会社四季報』独自の2期予想だ。この2期予想も、基本的には営業利益ベースで行われている。

なにしろ『会社四季報』の予想がそれまでの株式市場の予想と大きく異なったときは「サプライズ」といわれる現象が起きて、株価が大きく変動することもあるほど。そのくらい四季報予想の影響力は大きい。

『会社四季報』では、3月本決算会社の2017年3月期予想（今期予想）は「連17・3予」、

18年3月期（来期予想）は「連18・3予」と表示して、2期分の業績予想を掲載している。12年3月期や15年3月期など過去の業績と見比べることで、どれだけの期間にどのくらいの勢いで営業利益が伸びているかが把握できる。営業利益の左にある売上高の伸びも併せてチェックするとよいだろう。

中期経営計画を別にすれば、向こう2期分の業績予想を発表している会社はまずない。アナリストは5年先まで予想することもあるが、すべての上場企業をカバーしているわけではない。その点、今期予想に加えて来期予想という2期間の独自2期予想を行っている『会社四季報』は、好業績銘柄を探す貴重な情報源といえる。

ただし、営業増益率で好業績銘柄を探す際に注意したい点がもう一つある。それは「利益の水準」だ。一見すると連続増益しているようでも、実は何年か前に利益が急落し、実はまだ回復途上でしかない場合もあるからだ。

『会社四季報』指標欄に掲載されている過去最高純利益などと見比べて、その会社の利益は本来どの程度の水準にあるのか確認しておくのも大切である。

■業績を見る際には「利益の水準」に注意

さらに『四季報オンライン』のスクリーニング機能を使って、増益が見込める銘柄を絞り込むこともできる。

前期の営業利益が30億円以上で、前期・今期・来期の3期間にわたって増益が見込める銘柄を抽出してみると（2016年1月時点）、例えばソニー（6758）は、今期の営業利益が5・2倍にV字回復する。今2016年3月期は、収益柱のイメージセンサーの採算が改善、ゲームも値下げが効いて想定より売り上げが伸びた。営業利益ベースでは、最高純益となった2008年3月期の3700億円には及ばないが、今期は3600億円予想となっており、それに近い水準まで戻ってきている。

ただ、足元の株価は調整中。前年5月に高値3970円を付けて反落し、週足チャートでは下降第2波の終盤にある。14年11月にあけた2105〜2228円のマドを埋めることなく、反発できれば調整完了とみてよさそうだ。

さらに『四季報オンライン』を使うと、プレミアム企業情報ページで、今期・来期の業績予想を含め、12年分の時系列データをチェックできる。

過去の業績データを確認するためには、当時の決算短信や有価証券報告書を順に追っていく必要があるが、このページを使えば、利益のトレンドや水準を簡単に確認することができる。過去10年分の実績と今期・来期の業績予想をまとめてチェックできる点も便利だ。

■純利益の内容にも注目

さて、業績には売上高、営業利益などのほかに1株当たり利益（1株益）がある。株主の立場で重視されるのが、この利益だ。1株益とは、最終的な儲けを示す当期利益を発行済株式数で割って算出する。つまり、会社の儲けを1株当たりの取り分に引き直したものだ。株価や配当金など、1株当たりの金額と比較するのに適しており、多くの投資家はこの1株益の増減に注目する。

『会社四季報』では、業績欄に1株益の推移を掲載しているので、営業利益と併せて確認しておこう。また、1株益の基となる「利益」にも、三つの注目するパターンがある。一つずつ説明しよう。

❶過去最高の利益となる〝最高益更新〟

『四季報』指標等欄の「最高純益」よりも、業績欄の太字（今期または来期の業績予想数字）が大きければ、今期あるいは来期に過去最高の利益を更新する可能性が高い。業績記事の【見出し】は【最高益】となり、注目度が高まる。指標等欄の最高純益の横のカッコ内の年月は、かつてその利益を稼ぎ出した決算年月を表している。

最高益更新のパターンはいくつかあるが、例えば①成長中で毎年最高益を更新するパターン、②5～10年の景気サイクルに合わせて更新するパターン、③長い期間、最高益とは無縁だったが、何十年ぶりかに最高益を更新するパターンなどがある。このうち狙い目は③だ。理屈としては株価もそのときの高値にサヤ寄せして不思議はないからだ。

❷毎期利益が増え続ける〝連続増益〟

株価が右肩上がりを続けてくれるならありがたい。どの段階で買っても儲けられる。実際はそうはいかないものだが、利益を拡大し続ける会社はその可能性を秘めている。特に本業の儲けを表す営業利益が連続増益ならば、その会社の商品やサービスが安定的、継続的に顧客に受け入れられ続けていることを示す。

『四季報』では、業績欄に今期・来期予想を含めて7年（四半期決算が掲載される号は5年）分の業績が掲載されているので、簡単に利益が増え続けているかをチェックできる。

❸悪くなった業績が回復する〝V字回復〟

大きく悪化した利益が元の水準に急回復することをアルファベットの「V」に似ていることから、「V字回復」という。黒字だった会社が翌年に赤字転落、さらにその翌年に元の黒字の水準に戻るといったパターンで、業績変化率が大きいことがV字回復の特徴だ。

V字回復のシナリオが達成できれば、大胆なリストラなどでウミを出し切ったなどと好感され、株価は上がる。一時的な赤字を嫌気して売り込まれた銘柄を見つけたら、今後の業績見通しをしっかりチェック。V字回復シナリオが達成できると踏んだら、バーゲンセール中に仕込んでおくとよいだろう。

『四季報』業績欄では、赤字の場合は数字の前に「▲」印がつく。黒字→赤字→黒字となっている会社があれば「V字回復」と判断できる。V字回復のパターンはいくつもあるが、急減→回復の動きに着目しよう。

以下の銘柄は、『会社四季報』2016年春号のデータを使って、3月期決算会社で営業利益が来2017年3月期にV字回復する予想の銘柄の一覧だ。今期業績予想が前期に比べて90%以下または赤字転落で、来期業績予想が前期の80%以上の水準となっている銘柄をV字回復とした。営業利益が5億円以下の銘柄は除外している（営業利益は上から、前期→今季→来期の順）。

富士通ビー・エス・シー（4793）1049→0→1000（戻り率95・33%）
シダックス（4837）647→▲700→1000（戻り率154・56%）
ミツミ電機（6767）952→▲2500→1000（戻り率105・04%）

外国人投資家が好む「ROE」に注目する

■投資家の注目を集めるROE

左ページの四季報ページの【株式】【財務】【指標等】【キャッシュフロー】の欄には、企業の財務の健全性を測る自己資本比率や有利子負債の状況、あるいは将来の投資姿勢がうかがえる研究開発投資や投資キャッシュフローなどの重要な指標が示されている。

その中に、投資指標の代表の一つであるROEという項目が出てくる。

ROE（Return On Equity／自己資本利益率）とは、文字通り、資本をどれだけ効率よく使って利益をあげたかを示す指標で、当期純利益を自己資本で割って計算する（単位は%）。自己資本、つまり株主による資金が、企業の利益（収益）にどれだけつながったのかを示す。

外国人投資家は、このROEの高い会社を好んで買う傾向にある。外国人投資家の売買

ROEを含む株式欄・財務欄の要素

【株式】【財務】【指標等】【キャッシュフロー】の欄には、企業の財務の健全性を測る指標や、企業の成長のための将来の投資姿勢がうかがえる重要な指標が示されている。ROEは、【指標等】の欄に、予想と合わせて2期分の数字が示されている。

株式・財務・
指標等・
キャッシュフロー

❶株式

発行済み株式数と時価総額を記載。「単位」は1売買当たりの株数を示す。「貸借」は、制度信用取引で空売りができる貸借銘柄、「優待」は巻末一覧に株主優待制度の具体的内容があることを示す。

【株式】7/31 78,794千株
単位 100株 貸借 優待
時価総額 2,015億円 225

❷財務

会社の財務状況を表す貸借対照表(バランスシート)の中から、総資産、自己資本、自己資本比率、資本金、利益剰余金、有利子負債を掲載している。

【財務】<連16.6> 百万円

総資産	594,879
自己資本	146,193
自己資本比率	24.6%
資本金	53,886
利益剰余金	32,895
有利子負債	238,787

❸指標等

ROE、ROAの数値を掲載。「予」が付いた数値はそれぞれの予想を示す。最高純益は、本決算ベースでの過去最高の当期利益。設備投資、減価償却、研究開発の金額は、原則として有価証券報告書記載データによる。

【指標等】 <連15.12>

ROE	3.9%	予7.2%
ROA	1.0%	予1.8%
調整1株益		一円
最高純益(10.12)		10,772
設備投資	206億	予195億
減価償却	242億	予240億
研究開発	27億	予・・億

❹キャッシュフロー

過去2期分の営業CF、投資CF、財務CFを掲載。現金同等物は、3つのCFの結果残った現金と預金などの現金同等物の期末残高を示している。

【キャッシュフロー】 億円

営業CF	352	(222)
投資CF	▲97	(▲172)
財務CF	▲248	(▲73)
現金同等物	103	(97)

サッポロHLD(2501)

シェアは約6割（委託注文ベース）と言われるだけに、日本の株式市場にとっては、大きな影響を及ぼす。日本株が上がるか下がるかは、海外投資家の動向によるといっても過言ではない。

外国人投資家が好むROEが高い銘柄を集めた「JPX日経インデックス400」

という ETF も上場している。ETF とは投資信託の一つで、JPX日経インデックス400に選ばれた400社の株価に連動するものだ。

JPX日経インデックス400の最大の特徴は、対象銘柄の選別基準として3年平均ROEなどのファンダメンタルズに重きを置いている点だ。国内外の機関投資家をはじめ、GPIF（年金積立金管理運用独立行政法人）などが運用基準として次々に採用したため、**この400社に入るか否かで、株価には実力以上の差が生じる**。

また、米国で有名なファンドマネジャーが開発した「ダウの犬投資法」というのがある。これは、ニューヨークダウ工業30種に選ばれている優良銘柄の中で、「配当利回り」が高い銘柄を買い、定期的に入れ替えていくという手法だ。これを応用すると、JPX日経インデックス400に選定されたROEが高い優良銘柄の中で、配当利回りが高い銘柄を機械的に買うという手法が考えられる。

つまり、そこからJPX日経インデックス400の中から気になる会社をピックアップ

注目されるROE

最近、株式市場でROEが注目されている。その理由は、ROEを高い数字で維持するためには株主還元を積極的に行うか、利益を増やさなければならないためだ。つまり、その会社の収益力と、株主還元の姿勢を同時に見ることができる「物差し」が、ROEなのである。

■ ROEとは

株主が出資した自己資本を使い、企業がどれだけ効率よく利益を稼いだかを示す指標。この数字が大きくなるほど市場の評価が高まる。

$$\mathrm{ROE} = \frac{\text{当期純利益}}{\text{自己資本}} \times 100(\%)$$

し、『会社四季報』の今期増益予想で、配当も増額予想をしている会社に投資するという手法が生まれる。これも割安株投資として、成功の可能性を秘めている投資法だ。

■日本企業も無視できないROE

ROEはいまや経営者にとって意識せざるを得ない指標となった。その理由はJPX日経インデックス400のほかにもある。例えば、東京証券取引所が本則市場である東証1部と2部に上場する企業に対し、適用を開始した「コーポレートガバナンス・コード」というものがある。これは、日本企業の国際競争力を高めるために安倍晋三政権の肝いりで策定された企業の行動指針だ。

この指針を構成する五つの原則の一つに、「収益計画や資本政策の基本的な方針を示すとともに、収益力・資本効率等に関する目標を提示し、その実現のために何を実行するのか株主にわかりやすい言葉や論理で説明しなさい」とある。この尺度こそROEにほかならない。もし上場企業が、コーポレートガバナンス・コードを守らないのであれば、その理由を株主に説明しなければならない。

■「高ROE銘柄」と「ROE改善期待銘柄」の両面作戦

「コーポレートガバナンス・コード」を生み出すきっかけとなった経済産業省による「持続的成長への競争力とインセンティブ～企業と投資家の望ましい関係構築～」（伊藤レポート）では、「8％を上回るROEを最低ラインとし、より高い水準を目指すべき」としている。

「JPX日経インデックス400　ファクトシート」によれば、2015年8月末時点でのJPX日経インデックス400構成銘柄の3年平均ROEは11・5％と、さすがに8％の基準はクリアしている。

このROEをモノサシにして投資先を探す際には、「高ROE銘柄」と「ROE改善期待銘柄」の両面作戦が有効になるだろう。前者は効率よく利益を儲けていることを素直に評価する方法。後者は十分な利益を稼ぎながらもROEは低いという会社を探し出し、ROE改善に向けた「何らかの施策」に先回りする方法だ。

ROEの数値を改善するには、分子である利益をさらに稼ぐか、分母の自己資本を減らすしかない。自己資本を減らすにはM&Aに資金を向ける方法もあるが、そうでなければ自社株買いか増配、つまり株主還元以外に道はない。

つまり、ROEが低く、業績順調でキャッシュリッチな会社を狙えば、株主還元が期待できるということがいえる。

■オンラインで高ROE企業をスクリーニング

『会社四季報』では、ROEは【指標等】欄に、前期ROEと今期予想ROEが掲載されている。

ROEの水準と今期予想ROEの変化の度合いをまずチェックしてみる。

次に【比較会社】欄にある銘柄や同業他社のROEと比較して、当該銘柄は高いか低いかをチェックし、高ROE銘柄かROE改善期待銘柄なのかを判断するとよいだろう。

また、【業績】欄で最近の業績動向を併せて確認しておきたい。キャッシュリッチかどうかは【キャッシュフロー】欄の現金同等物を見ればいい。自己資本や時価総額と比較して、キャッシュを持ちすぎていないかを判断。自己資本の70％以上、時価総額の半分以上がある程度の目安となる。

さらに『会社四季報オンライン』を使うと、データが常時更新されているため、最新の予想ＲＯＥを使って銘柄を簡単に抽出できる。

東証１部上場で自己資本比率が20％以上（※自己資本比率がこれ以下だと財務基盤が脆弱になり投資に適さない）の銘柄を対象に予想ＲＯＥの高い順にスクリーニングするなどの方法で、高ＲＯＥ企業を抽出できる。

4章

キホンの「キ」からわかる！『会社四季報』&『会社四季報オンライン』ガイド

『会社四季報オンライン』のしくみ

■『会社四季報』の情報をすみずみまで網羅

『会社四季報オンライン』の最大の特徴は、『会社四季報』をすみずみまで、さらには過去の号にさかのぼって検索できる検索機能と、編集部が厳選して発売前に先行配信する四季報お宝銘柄先取り情報だ。

まず『会社四季報オンライン』の中で、誰でも使いやすい機能が検索機能だろう。大きな「検索窓」は、サイトのどのページでもメニューの上に表示されている。ここに気になるキーワードや話題のテーマを入力して検索すると、関連銘柄が表示される。ここには「最高益」「大幅増額」「疑義注記」など『会社四季報』の見出しになるような用語を入れてもいいし、あるいは巷で話題になっている経済用語で「ＩｏＴ（Internet of Things）」「ＡＩ（人工知能）」「インバウンド」などのキーワードを入力してもいい。そ

『会社四季報オンライン』のタグの説明①

会社四季報オンラインの操作方法について解説していく。まずはトップ画面のタグの説明から。数種類のタグがありそれぞれのタグの下にまた豊富なコンテンツが揃っている。

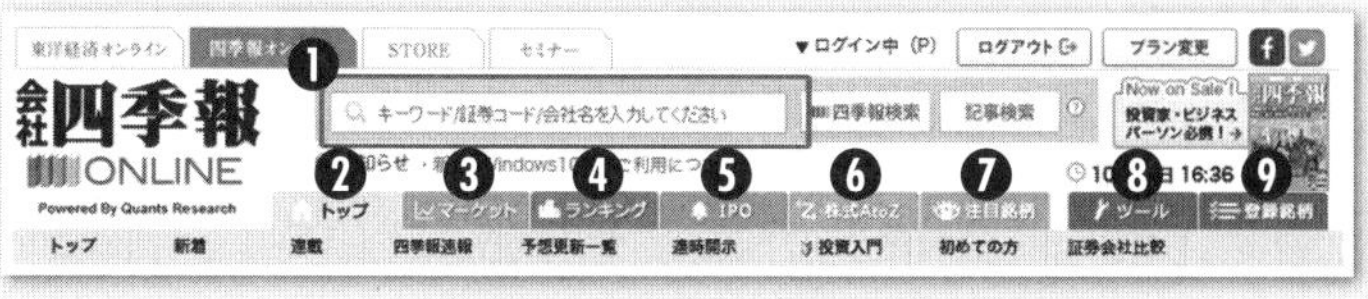

❶会社四季報オンラインのあらゆるページに登場する検索画面。銘柄名・社名や株式コードを入力してもよし、「最高益」「大幅増額」などの見出し、巷で話題になっているIoT、AI(人工知能)などのキーワードを入力して検索するのもよし。

❷「トップ」画面には新着情報や、編集部イチ押しの記事、証券取引所開場時の「実況中継・今日の動意株」などのメインコンテンツのほか、スクロールしていくと『会社四季報オンライン』の中のコンテンツがほぼ全て網羅されている。

❸「マーケット」には国内外のマーケットの新着情報、株価指数や為替、マーケットに関する連載記事などが掲載されているほか、「値動き注目株」として値上がり率の高い(低い)銘柄や、売買代金が急増している銘柄などがランキングで掲載されている。

❹「ランキング」のページには、新着情報として四季報最新号の強気予想の注目銘柄ランキングなどが掲載されるほか、最新データランキングとして、株価や業績予想、PER、PBR、配当利回りなどの投資指標、最新の会社四季報先取りのランキングなどが掲載されている。

❺「IPO」のページには、新着情報編集部イチ押しとして、IPO企業の経営者のインタビューや、IPO銘柄に関する記事が掲載されているほか、新規公開株の上場日、公開価格、幹事証券会社等の情報が一覧で掲載されている。

❻「株式AtoZ」のページには、「チャートの達人実践講座」など『会社四季報』や『会社四季報オンライン』の使い方について書かれた連載記事が紹介されている。

❼「注目銘柄」のページには、「〈達人イチ押し〉新・厳選注目株」「兜町怪情報」等の連載や、「四季報速報」として、注目されている銘柄が時系列で紹介されている。また注目企業の新商品や新サービスの紹介などに関する情報が紹介されている。

❽「ツール」のページには、スクリーニング、高機能チャート、四季報アーカイブ、大量保有速報検索、株主優待など、主に有料プランの高機能な検索ツールやプレミアム情報が紹介されている。

❾「登録銘柄」は、自分が注目している銘柄をそこに登録し、取得価格や保有株数を自分で入力したりメモを加えたりするなどの編集もできるようになっている。また登録銘柄を一覧で表示してその日の株価や前日からの増減等を一覧表示で見ることも可能。それぞれの銘柄について乖離率や順張り、逆張り指標も表示され、そこから売買シグナルを読み取ることができる。

れらの用語に関連する銘柄が、簡単に抽出できる。

雑誌では数日かけて1ページずつめくらないとできなかったことが、一瞬で可能になった。もちろん証券コードや社名を検索すれば、すぐに四季報ページが表れる。

■お宝銘柄探しに役立つコンテンツがトップ画面から

次に『会社四季報オンライン』の数あるタグの中から、トップ画面のタグをクリックしてみよう。

まず会社四季報オンラインのポータル画面に出てくるのが新着情報「編集部の一押し記事」、株式市場が開いているときに特徴的な値動きを示している株価の動向を中継する「今日の動意株」、「今週の業績予想更新銘柄」、「決算発表今週のスケジュール」、アクセスの多かった記事をランキングした「記事アクセスランキング」などだ。

雑誌版の『会社四季報』をフォローしたWEBならではのコンテンツが、「四季報先取り」や、「四季報速報」のコンテンツだろう。

例えば、『会社四季報』2016年4集秋号は9月16日（金）に発売されたが、『会社四季報オンライン』では、これを先取りする形で8月30日（火）からお宝情報「速報！サプライズ銘柄」を、また9月1日（木）からは「主力300」と「新興株50」の業績予想

『会社四季報オンライン』のタグの説明②

ここでは『会社四季報オンライン』の大タグの中から、コンテンツの豊富なトップ項目のタグについて個別に解説する。

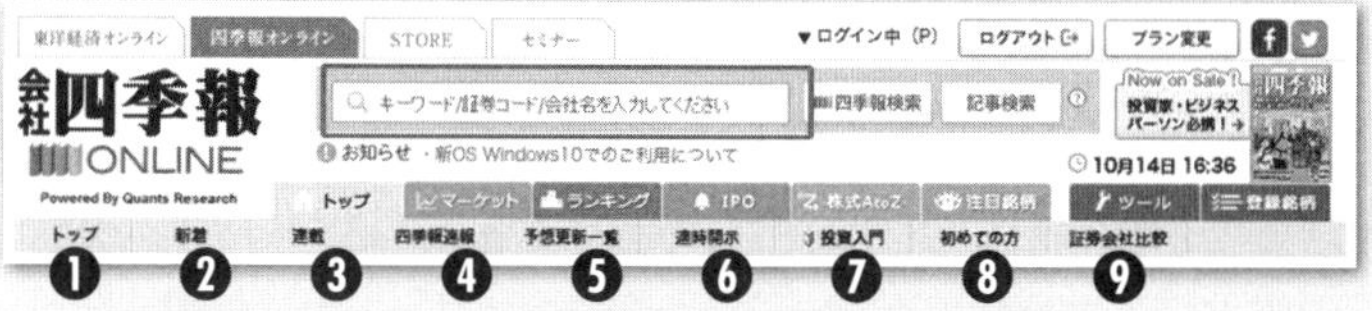

❶「トップ」画面は179ページでも紹介したように、新着情報や編集部イチ押しの記事、「今日の動意株」などが掲載されているほか、『会社四季報オンライン』のほぼ全てのコンテンツがここに網羅されており、ポータルとしての役割を果たしている。
❷「新着」は文字通り新着記事を時系列で紹介しているほか、カレンダーが用意されていて、何月何日の最新記事が見たい場合はカレンダーの日付をクリックすればその日に発信された記事にアクセスすることができる。
❸「連載」は文字通り『会社四季報オンライン』の中で連載されている記事が紹介されている。また過去に終了してしまった記事もこのページから探し出して読むことができる。
❹「四季報速報」は『会社四季報』に掲載されている銘柄の業績の動向が一覧で掲載されている。またこのページから厳選注目株や注目銘柄の新着情報のページに飛ぶこともできる。
❺「予想更新一覧」のページは、「今週の業績予想更新銘柄」として毎週業績予想を更新した銘柄が週ごとに一覧で表示されている。その中で修正額の上位50社は最新データランキングページで簡単に確認することもできる。
❻「適時開示」のページでは、企業の決算や人事異動、コーポレートガバナンスに関する開示が行われるたびにその資料を掲載、もしくはその開示情報が提示されているページに飛べるようになっている。このページにもカレンダーがあって、日付をクリックするとその日に開示された情報を得ることができる。
❼「投資入門」のページでは、株式投資の超初心者でも株式投資のイロハがわかる解説や、会社四季報オンライン活用術、楽々使いこなす会社四季報、漫画『インベスターZ』に学ぶ投資心得などの読み物が掲載されている。また動画で会社四季報を理解するコンテンツも用意されている。
❽「初めての方」のページには、『会社四季報オンライン』でできる事を簡潔に解説している。その中で例えばスクリーニングの使い方を詳しく知りたい人には、スクリーニングの手順を詳しく紹介した記事に飛べるようになっている。また有料プランの種類や、それぞれのプランの中で提供可能なサービスも解説されている。
❾「証券会社比較」のページは、30万人の個人投資家から得た情報を様々な角度から徹底比較し、証券会社をランキングしたもの。ランキングされた証券会社についてはレーダーチャートやコメントで、その特徴や強み弱みが一目でわかるようになっている。そのページから気に入った証券会社にアクセスしてすぐに口座開設や資料請求ができるようにもなっている。

を先行配信した。

ただし、これらは有料会員限定のコンテンツであり、閲覧にはベーシックプラン（月額税込1080円）以上の申し込みが必要だ（プランの内容については、183ページを参照）。

『会社四季報』だけのお宝情報「速報！ サプライズ銘柄」は、『会社四季報』をすべて見なくても驚きの予想銘柄を簡単にチェックできるコンテンツだ。四季報記者が書いた原稿を編集部で吟味して、これは驚きの予想だというものをピックアップ。『会社四季報』の最新号発売前に毎日4～5銘柄ずつ10日間先行配信する。2016年4集秋号の発売に先立っては、8月30日～9月12日（土・日を除く）に配信された。

■使いこなせないほど豊富な機能

このほかトップのタグから入れるコンテンツの中には、初心者でも『会社四季報オンライン』を使いこなせるようになるような「初めての方」というページがあり、『会社四季報オンライン』の各プラン別コンテンツ、その使い方などが紹介されている。

また「投資入門」というコンテンツには、株式投資自体を初めて行う初心者向けの解説や、『会社四季報オンライン』の活用法並びに『会社四季報』の読み方なども紹介されている。ここでは動画による解説も併載されており、初めての人でもより理解が深まる内容

『会社四季報オンライン』の各プラン

『会社四季報オンライン』のプランは、無料と4つの有料プランに分かれており、それぞれアクセスできる情報や使用できる機能が異なる。現在最も利用者の多い有料プランはベーシックだが、予算や頻度などに応じてより高度なプランにチャレンジするのもいいだろう。

プラン名・月額			ゲスト（無料）	ベーシックプラン 1080円	ベーシックプラン＋チャートオプション 3240円	プレミアムプラン 5400円	プレミアムプラン＋リアルタイムオプション 7020円
株価			20分遅れ				リアルタイム
ニュース			△	○	○	○	○
マーケット			△	○	○	○	○
ランキング			△	△	△	○	○
ツール	高機能チャート		×	×	○	○	○
	スクリーニング		15項目	107項目	151項目	262項目	
	四季報アーカイブ		×	×	×	○	○
	ストップ高&GC		△	○	○	○	○
	大量保有速報検索		×	○	○	○	○
	大株主検索		×	×	×	○	○
	株主優待		×	○	○	○	○
	見出し語検索		×	○	○	○	○
	四季報データ検索		×	○	○	○	○
	変更予定&疑義		×	○	○	○	○
	社長&役員検索		×	×	×	○	○
	登録銘柄		×	200銘柄	500銘柄	1000銘柄	
個別銘柄ページ	四季報		△	○	○	○	○
	株主優待情報		3カ月更新	1カ月更新			
	プレミアム情報	業績（四半期）	×	×	×	○	○
		業績（年次）	×	×	×	○	○
		業績（グラフ）	×	×	×	○	○
		企業情報	×	×	×	○	○
		スコア	×	×	×	○	○
		テクニカル	×	×	○	○	○
		チャート	×	×	○	○	○
四季報PDFバックナンバー			×	4集分		9集分	

となっている。

とにかく『会社四季報オンライン』はコンテンツの数が豊富だ。国内外のマーケットの最新情報や、『会社四季報』最新号の強気予想の注目銘柄ランキングなどを記した「ランキング」ページ、新規上場企業の情報を集めた「ＩＰＯ」コンテンツ、識者や投資家などの『会社四季報オンライン』使用体験談を記した連載コラムもある。

また、これはどのページからも入れるコンテンツだが、「ツール」というタグをクリックすると、そこには先に紹介したようなスクリーニング機能や、大量保有速報など、お宝銘柄発掘に役立つ高機能なツールが用意されている。

「ツール」の隣には「登録銘柄」というタグがあり、自分の気になる銘柄をそこに登録して常に最新の情報をそこから引き出すこともできるようになっている。

これだけ盛りだくさんの機能を備えた『会社四季報オンライン』だが、全ての機能を使いこなす必要はない。検索やスクリーニングなどの基本的な機能を使い、注目記事や四季報先取り情報なども参考に、自分だけのオリジナルの会社四季報オンライン活用術を見出して、お宝銘柄発掘に役立ててほしい。使えば使い込むほどお宝情報が手に入る。『会社四季報オンライン』はそんなお役立ちのツールなのである。

『会社四季報オンライン』のツール(プレミアムプラン)

「ツール」のページには、スクリーニングや高機能チャート、大量保有速報検索など、使いこなせばお宝銘柄の発掘に役立つ機能や情報が満載。ほとんどが有料プランでのサービスだが、投資でそれ以上のリターンを得られるなら安いもの(?)かもしれない。

トップ
マーケット
ランキング
IPO
株式AtoZ
注目銘柄
ツール
登録銘柄
トップ
高機能チャート
スクリーニング
四季報アーカイブ
ストップ高&GC
大量保有速報検索
大株主検索
株主優待
【見出し】語検索
四季報データ検索
変更予定&疑義
社長&役員検索
プラン別利用可能ツール
トップ > ツール
ツール解説
高機能チャート
ローソク足や一目均衡はもちろん、RSI・MACDなど30種類以上のチャートを描画できます。最長で、1984年からの株価を利用できます。四季報情報も表示。ご利用には、チャートオプション以上の有料プランへの申し込みが必要です。
リアルタイムオプションを申し込み頂きますと、リアルタイム株価で表示されます。
スクリーニング
お客様が用意されているスクリーニング項目を用いて、独自に銘柄を絞り込むことが可能です。
ゲストからご利用いただけますが、有料プランを申し込み頂きますとさまざまなスクリーニング項目をご利用いただけます。有料プランごとにご利用いただけるスクリーニング項目が異なりますので、詳しくは用語集をご参照ください。
四季報アーカイブ
四季報創刊号(1936年発行)から最新号までの四季報で、すべての個別銘柄をチェックできます。
ソニーが上場して初めて掲載された1956年2集の記事など、気になる銘柄の"昔"が見られます。
登録銘柄も順に表示できるので、四季報で簡単にチェックできます。
プレミアムプランからご利用いただけます。
旧・高機能チャート
これまでの高機能チャートです。
2016年9月末でサービス停止となります。
チャート内に保存したトレンドラインはサービス停止後は復元できませんのでご注意ください。
ストップ高&GC
本日株価がストップ高、ストップ安となった銘柄を一覧表示します。ゴールデンクロス・デッドクロス銘柄(13週・26週移動平均、5日・25日移動平均)も表示します。ゴールデンクロス・デッドクロスのご利用には有料プランへのお申し込みが必要です。リアルタイムオプションを申し込み頂きますとリアルタイム株価を用いて表示します。
大量保有速報検索
EDINET(http://disclosure.edinet-fsa.go.jp/)に提出された大量保有報告書などの内容を速報でお届けしている大量保有速報を検索できます。銘柄名、株主名で検索すれば、一発で最近の動向を把握できます。あの機関投資家・個人投資家の売買動向をチェックして参考にしましょう!
ご利用には有料プランへの申し込みが必要です。
大株主検索
東洋経済が独自調査している最大30位までの大株主データを株主名で検索できます。
気になる会社名・投資家名で検索すれば、すぐ保有銘柄がわかります。
大量保有速報検索とあわせて検索すれば、機関投資家の動向も丸裸にできます。
プレミアムプランからご利用いただけます。
株主優待
株主優待制度を実施している銘柄を、権利確定月別、内容別に一覧表示します。内容は、飲食券、食品、買物券、金券、ファッション、暮らし、旅行・宿泊、娯楽・レジャー、自社商品、長期保有していると特典がある銘柄に分類。お目当ての優待がすぐ見つかります。
ご利用には有料プランへの申し込みが必要です。
【見出し】
【見出し】語検索
会社四季報の本文先頭の【見出し】語は業績予想数字に関するもので、予想数字と記事内容を一言で表現しています。【見出し】語検索では、注目度高い見出しを一発で検索できます。プラスイメージとマイナスイメージの【見出し】語でそれぞれ検索できますので、ご活用ください。
ご利用には有料プランへの申し込みが必要です。
四季報データ検索
最新の会社四季報に掲載されている本社住所、取引銀行、幹事証券、監査法人、設立年月、上場年月を検索できます。
本社が東京都にある会社、あの銀行と取引がある会社、設立100周年の会社、上場10年目の会社など、簡単に会社一覧が作成できます。
ご利用には有料プランへの申し込みが必要です。
変更予定&疑義
社名変更予定銘柄や上場廃止予定銘柄、ファイナンス予定銘柄を一覧で表示します。
また、リスク情報として紙の四季報に掲載している継続企業の前提に疑義の注記がある銘柄、継続企業の前提に関する重要事象等の記載がある銘柄も一覧で表示します。
ご利用には有料プランへの申し込みが必要です。
社長&役員検索
今年就任した社長から、就任してから30年経つ社長まで、就任した年で社長を検索できます。あの社長の就任後、株価はどう動いたのか?
役員の最終学歴と卒業年でも検索できます。あの役員達が同級生?この会社はあの大学卒の役員が多いなど。意外な発見があるかもしれません。
プレミアムプランからご利用いただけます。

■業績ページにも付加価値が

ページ上部中央にある検索窓から移動できる四季報ページは、雑誌の『会社四季報』をイメージしたつくりになっている。

企業の事業内容を簡潔にまとめた【特色】欄に加えて、より詳しい200字前後の【会社プロフィール】も確認できるため、会社の概要を素早く把握するのに最適だ。

雑誌版と同じ誌面で見たいというユーザーにはPDFも用意されている。ベーシックプランでも、最新号を含めた過去4号分（1年分）を閲覧できるので、前号との比較も可能である。

また、これは「オンライン」の特長でもあるが、業績欄の下の業績予想更新部分には、四季報発売後に業績予想数値が更新された場合、最新数値が表示される。データの更新日付も記され、四季報業績欄のすぐ下にあるので、最新の業績予想数値がどう変化したのかを簡単にチェックできる。

また、PER、PBR、予想配当利回りなどの重要指標も随時更新。今日の株価で計算した「今」の割安度がすぐわかる。ライバル企業の株価や売上高、PER、PBR、予想配当利回りも一覧表示しているので、出遅れ感や割高・割安度がチェックできる。

■有料プランの内容

さて、このように役立つコンテンツが多い『会社四季報オンライン』だが、そこで提供される情報や機能はほぼ有料サービスであり、プランの内容によって料金も異なる（プラン別の内容は183ページの表を参照）。

それぞれのプランについて説明しておこう。

◎ベーシックプラン

まず、「ベーシックプラン」でできることは、以下の3つ。

- 『会社四季報』が読める、検索できる
- 有料記事が読める
- ツールや登録銘柄ページが利用できる

まず、無料では表示されなかった情報が四季報ページに表示される。会社をチェックするために必要な情報がコンパクトにつまった雑誌『会社四季報』と同じ感覚で会社をチェックできるようになる。また、『会社四季報』最新号の記事は画面上部にある「四季報検索」でどのページからでも検索可能になる。

さらにベーシックプランからは、四季報記者入魂の記事、株主や役員、財務情報が四季報画面に表示される。会社プロフィールは、200字で会社の特色をまとめた、四季報オンラインだけのオリジナルコンテンツで、各企業の概要をつかむのに最適だ。

業績欄は、ベーシックプランからは、四季報編集部の業績予想と配当予想、会社発表の業績予想が表示される。さらに業績欄の下には、『会社四季報』発売後に今期の営業利益予想または当期利益予想が変更された場合にデータが表示される。

バックナンバーについては、過去4号分（1年分）のバックナンバーのPDFが見られる。

このほかベーシックプランでは、雑誌版『会社四季報』にはなかった、個別銘柄まで踏み込んだ有料記事や、四季報先取り記事、ランキング記事などが読める。また、スクリーニングや大量保有速報検索などの多彩なツールで銘柄が検索可能になり、気になる銘柄は登録でき、いつでも最新データをチェックできる。

◎ベーシックプラン＋チャートオプション

2016年10月より「ベーシックプラン」のユーザーが利用できる有料コンテンツが、それまでの「ベーシックプラン＋チャートオプション」とほぼ同じものに拡充された（株価データのダウンロード機能を除く）。これに伴い、チャートオプションは廃止となった。

「ベーシックプラン＋チャートオプション」でできることは、ベーシックプランのサービスに加えて、次の2つ。

・30種類以上のチャートが描画できる高機能チャートが利用できる

・株価をダウンロードできる

まず、高機能チャートについては、ローソク足や一目均衡表はもちろん、RSI・MACDなど30種類以上のチャートを描画できる。最長で、1984年からの株価を利用可能。トレンドラインも書き込めるので銘柄研究に最適だ（詳しくは152ページ「お宝銘柄が見つかるチャートの読み方」参照）。

また、このプランでは、株価データ（4本値と出来高）をCSV形式で、ワン・クリックでダウンロードできる。日足・週足の場合は直近500本分、月足の場合は直近240本分と長期の株価データを入手できる。

◎プレミアムプラン

「プレミアムプラン」でできることは、さらに次の3つ。

・過去の四季報が創刊号から全て見られる

・プレミアム企業情報ページであらゆるデータを使って会社をチェックできる

・株価をダウンロードできる

まず、『会社四季報』創刊号（1936年発行）から最新号までをすべて画像で収録。昭和の東京オリンピックなど過去のイベント時に注目された会社や、ソニー（6758）が上場して初めて掲載された1956年2集の記事など、気になる会社の当時の姿が見られる。

「プレミアム企業情報」のページでは、会社の「今」をいち早くつかめる3カ月ごとの業績推移データ、長期トレンドが見える10期分の業績財務データ、各銘柄を独自指標で評価したスコアなど、あらゆるデータを使って会社をチェックできる。

◎リアルタイムオプション

プレミアムプランに加えて「リアルタイムオプション」を申し込むと、データがリアルタイム表示になり、板情報が見られる。リアルタイム表示になるデータは、次のものだ。

・個別銘柄ページの株価
・高機能チャートに描画される株価（海外指標は除く）
・登録銘柄ページの株価
・スクリーニングの株価関係のスクリーニング項目
・最新データランキングの株価関係のランキング

・マーケットトップページの値動き注目株
・IPOトップページの現在値と倍率、直近IPOランキング
・為替情報

有料プランは最も高いプランで月額7020円。単純に考えれば、年間で8万4240円以上の利益を投資で得なければ、実質的には赤字になる。しかし高機能なツールの数々を使いこなしてそれ以上のリターンを望むなら試してみよう。

■外出先からスマホで情報をチェック

『会社四季報』の内容をスマートフォンで気軽に見られる「四季報 株アプリ」も登場した（写真）。これは『会社四季報オンライン』の会員向けサービスで、登録なしでも利用できるが機能は限られる。

有料会員としてログインすると、『会社四季報』最新号の誌面を見ることができるほか、有料会員向けの機能も一部利用することができる。

外出先からでも気になる銘柄の情報をチェックできる、便利なアプリだ。

参考文献・WEB

『会社四季報オンライン』(https://shikiho.jp)、『ラクラク使いこなす　会社四季報+会社四季報オンライン』(会社四季報編集部著／東洋経済新報社)、『シェアNo.1投資情報誌「会社四季報」編集部が作った　株スクリーニング入門』(会社四季報編集部編著／東洋経済新報社)、『株を買うなら最低限知っておきたい ファンダメンタル投資の教科書』(足立武志著／ダイヤモンド社)、『1勝4敗でもしっかり儲ける新高値ブレイク投資術』(DUKE。著／東洋経済新報社)ほか。

本当に億儲けた投資家が教える

『会社四季報』&

『四季報オンライン』活用法

2016年12月14日　第1刷発行

編　者　別冊宝島編集部

発行人　蓮見清一

発行所　株式会社 宝島社

〒102-8388　東京都千代田区一番町25番地

電話:営業 03-3234-4621／編集 03-3239-0646

http://tkj.jp

印刷・製本　サンケイ総合印刷株式会社

ISBN 978-4-8002-6144-1